von Salis / Geyer / Fürst · Verletztes Pferd – was tun?

Wissen rund ums Pferd

Prof. Dr. med. vet. Björn von Salis
Prof. Dr. med. vet. Hans Geyer
Dr. med. vet. Anton Fürst

Verletztes Pferd – was tun?

Müller Rüschlikon

Abb. A

Skelett und innere Organe des Pferdes, außen auf der Körperdecke schematisiert eingezeichnet, rechte Seite (nach SCHÜLE, 1995)
1 Unterkiefer; 2 Oberkiefer; 3 Halswirbel; 4 Dornfortsätze der vorderen Brustwirbel, den Widerrist bildend; 5-6 Brustkorb: 5 vordere Rippen, 6 Rippenbogen; 7 Schulterblatt; 8 Schultergelenk; 9 Oberarmknochen; 10 Ellbogengelenk; 11-12 Unterarmknochen: 11 Elle, 12 Speiche; 13 Knochen des Vorderfußwurzelgelenks, davon das Erbsenbein (13'); 14 Röhrbein; 15 Griffelbein; 16 Gleichbein; 17-20 Zehenknochen: 17 Fesselbein, 18 Kronbein, 19 Hufbein, 20 Strahlbein; 21-22 rechte Beckenhälfte: 21 Darmbein, 22 Sitzbein; 23 Hüftgelenk; 24 Oberschenkelknochen, 25 Kniescheibe; 26 Kniegelenk; 27-28 Unterschenkelknochen: 27 Schienbein, 28 Wadenbein; 29-30 Knochen des Sprunggelenkes, 30 Fersenbein mit Fersenbeinhöcker (30'); 31-32 Nerven und Gefäße an der Innenseite von Röhrbein und Zehe der linken Vordergliedmaße (31) bzw. der linken Hintergliedmaße (32)

a Schneidezähne; b Backenzähne; c Rachen; d Speiseröhre, ihr Halsteil liegt vorwiegend links (hier von rechts dargestellt, da auf der Abbildung von links Gefäße eingezeichnet sind); e Magen; f-h Dünndarm: f Zwölffingerdarm, g Leerdarm, h Hüftdarm; i-k Dickdarm: i-j Blinddarm: i sein Kopf, j seine Spitze; k-l großer Grimmdarm = großes Colon, stark schematisiert, k untere Lage, l Beckenkrümmung; m-n obere Lage mit magenähnlicher Erweiterung (n). Um die klinisch wichtigsten Abschnitte des großen Grimmdarms von einer Seite zu zeigen, wurde dieser Darmabschnitt nicht in natürlicher Lage gezeichnet.

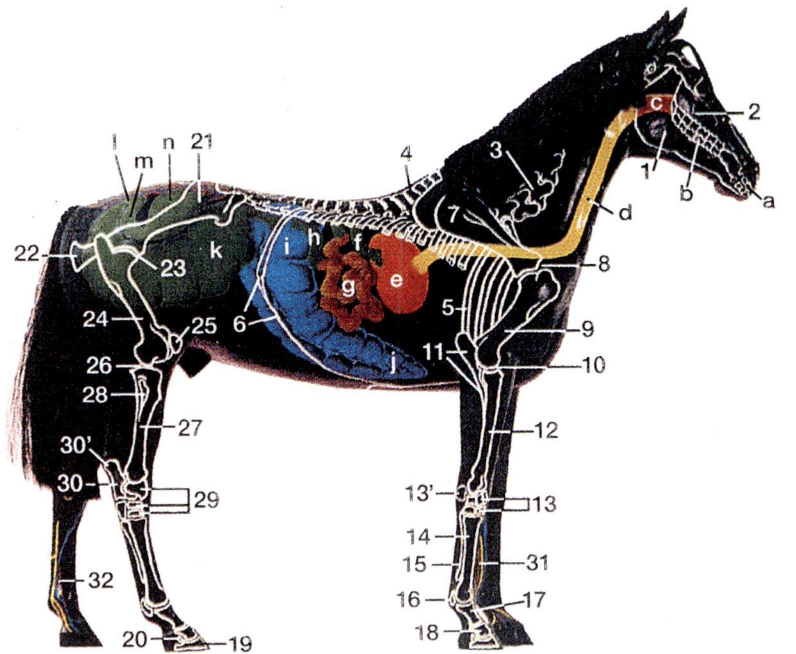

a
b
c
d
e
f
g
h
i
j
k
l
m
n
1'
2
3
4
5
6
7
8
9
10
11
12
13
13'
14
15
16
17
18
19
20
21
22
23
24
25
26
27
28
29
30
30'
31
32

Abb. B

Innere Organe und Gliedmaßenteile des Pferdes, außen auf der Körperdecke schematisiert eingezeichnet, linke Seite (nach SCHÜLE, 1995)

1 Drosselvene zur intravenösen Injektion; 2 Halsschlagader; 3 Gesichtsarterie begleitet von Vene, Pfeil: Stelle zum Pulsfühlen an der Gesichtsarterie; 4 Gesichtsnerv; 5 Radialisnerv, versorgt die Streckmuskeln von Unterarm und Zehe. Der Nerv kann beim Liegen an der Stelle 5' durch Druck geschädigt werden; 6 Nerven und Gefäße von Mittelfuß und Zehe; 7 Ausbuchtung der Fesselbeugesehnenscheide (Stelle der Sehnenscheidengalle); 8 Ausbuchtung des Fesselgelenks (Fesselgelenksgalle); 9 Kastanie; 10 Widerristschleimbeutel; 11 Ausbuchtung des Sprunggelenks (Stelle der Kreuzgalle); 12 Schleimbeutel am Fersenhöcker; 13 Hauptmittelfußarterie am Hinterfuß

a Ohrspeicheldrüse (gelb); b Luftsack (weiß); c Kehlkopf; d Schilddrüse; e Luftröhre, nur Brustteil gezeichnet; f Bronchien; g Umriß der Lunge (blau, hinten verkürzt dargestellt); h Herz; i Lungenarterie; j Aorta = Hauptschlagader, j' ihr aufsteigender Teil, j" ihr absteigender Teil; k Zwerchfell (gestrichelte weiße Linie); l Milz (Blutspeicherorgan, violette Linie); m Brustteil der Speiseröhre; n Umriß des Magens (gelb); o Dünndarm; p–r linker Teil des großen Colons in natürlicher Lage: p untere Lage, q Beckenkrümmung, r obere Lage; s absteigender Grimmdarm = kleines Colon; t Mastdarm; u Niere; v Harnleiter; w Harnblase; x akzessorische Geschlechtsdrüsen; y Beckenstück der Harnröhre; z Penis mit Penisstück der Harnröhre

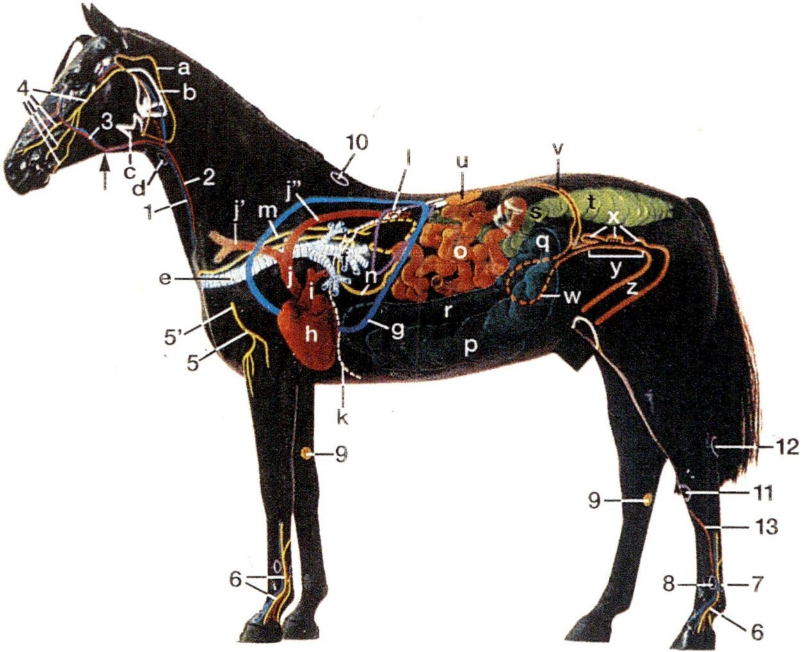
a
b
4
3
c
d
2
1
10
l
u
v
j"
j'
m
e
j
i
h
n
o
s
t
x
q
y
z
w
r
g
p
5'
5
k
9
12
11
9
13
6
8
7
6

ISBN 3-275-01193-6
1. Auflage 1996

Satz und Lithos: Tipografia Grafica Bellinzona SA,
CH-6702 Claro
Druck und Bindung: Grafiche SIZ,
I-37050 Santa Maria di Zevio (VR)
Printed in Italy

INHALT

Zu diesem Buch 11

I. Ausgewählte Kapitel der Anatomie und Physiologie des Pferdes
Von H. Geyer, M. Rühli und R. Weiss 15
1. Die Haut (H. Geyer und R. Weiss) 16
2. Der Bewegungsapparat (H. Geyer und R. Weiss) 20
3. Das Auge (M. Rühli) 42

II. Beurteilung des Allgemeinzustandes
Von B. von Salis und A. Fürst 46
1. Beurteilung des Pferdes aus der Distanz 46
2. Das Annähern an das Pferd 47
3. Messung und Beurteilung des Kreislaufapparates 47
4. Messung und Beurteilung des Atmungsapparates 49
5. Messung und Beurteilung der Körpertemperatur 50
6. Beurteilung des Verdauungsapparates 51
7. Beurteilung des Bewegungsapparates 52

III. Einige Begriffe aus der allgemeinen Krankheitslehre
Von A. Fürst und B. von Salis 53

IV. Untersuchung und Erste-Hilfe-Maßnahmen bei äußeren Verletzungen
Von A. Fürst und B. von Salis 56
1. Allgemeine Bemerkungen zu Verletzungen beim Pferd 57
2. Die Beurteilung einer Verletzung 59
3. Allgemeine Grundsätze der Wundbehandlung 61
4. Die wichtigsten Punkte der Wundbehandlung 62
5. Allgemeine Bemerkungen zur Wundheilung 71

V. Typische und/oder häufig vorkommende Verletzungen in den verschiedenen Körperregionen
Von A. Fürst, B. von Salis und M. Rühli 77
1. Verletzungen am Kopf 78
2. Verletzungen am Auge 84
3. Verletzungen am Rumpf 89
4. Verletzungen an den Gliedmaßen 98

VI. Verbandslehre
Von H. Josseck und A. Fürst 122
1. Die verschiedenen Verbände 123
2. Wichtige Punkte, die bei Verbänden und Schienungen beachtet werden müssen 126
3. Technik des Anlegens 127

VII. Die Bergung von schwerverletzten Pferden
Von B. von Salis und A. Fürst 130
1. Schema einer Pferdebergung 131
2. Anleitung zum Transport mit Fahrzeug 131
3. Der Transport mit Helikopter 138

VIII. Umbau und Einrichtung eines Pferdetransporters zu einer Pferdeambulanz
Von R. Keller 139

IX. Pferdeapotheken
Von B. von Salis und A. Fürst 147
1. Medikamente 147
2. Instrumente 148
3. Verbands- und Schienungsmaterial 148
4. Geräte für die Arbeiten am Huf 149

Schlußwort 151

Sachregister 156

Meine persönlichen Notfallnummern 160

ZU DIESEM BUCH

Wohl kein Reiter, Fahrer oder Pferdehalter denkt gerne daran, was seinem vierbeinigen Partner alles zustoßen könnte. Trotzdem ist es wichtig, sich mit Erster Hilfe zu befassen, um im Notfall die richtigen Maßnahmen ergreifen zu können und dadurch Schlimmeres zu verhindern oder gar Leben zu retten.
Erste-Hilfe-Leistungen sind schon beim Menschen meist alles andere als einfach, und beim Pferd sind zusätzlich zu den medizinischen Aspekten auch die Besonderheiten des Verhaltens, die spezielle Anatomie des Pferdekörpers und die arttypische Funktionsweise der Organe zu berücksichtigen. Erste-Hilfe-Maßnahmen bei diesem vom Fluchtinstinkt getriebenen, rund fünfhundert Kilogramm wiegenden Tier gestalten sich daher häufig sehr schwierig.
Um so mehr gilt es, sich durch den praktischen Umgang mit dem Pferd und durch das Kennenlernen des Körperaufbaus mit all seinen Funktionsweisen möglichst viel Wissen über diese Zusammenhänge anzueignen. Nur so bringt man die Voraussetzungen mit, um die in Notsituationen auftretenden Probleme meistern oder wenigstens verringern zu können. Ganz besonders sei darauf hingewiesen, daß es in keiner Weise darum geht, die Tierärzte zu umgehen. Ganz im Gegenteil: Durch frühzeitige und umfassende Beschreibungen kann der Veterinär die Situation besser einschätzen und notwendige Sofort-

maßnahmen vorschlagen, die der Laie bis zum Eintreffen des Fachmannes bereits einleiten kann. Ist der Tierarzt nicht erreichbar, so kann der geschulte Laie im Rahmen seiner Möglichkeiten von sich aus sinnvolle Erste-Hilfe-Maßnahmen ergreifen und damit dem Pferd in vielen Fällen zu einer Linderung der Schmerzen und zu einer besseren Aussicht auf Heilung verhelfen.

Beim Ergreifen der Sofortmaßnahmen durch den Laien geht es darum, daß er einerseits die Verletzungsgefahr nicht verharmlost; andererseits soll er auch nicht bei lediglich minimalen Abweichungen vom Allgemeinzustand oder wegen einer kleinen Wunde eine große Rettungsaktion organisieren. Gewisse Grundkenntnisse und ein gesunder Menschenverstand sind im Fall einer Verletzung besonders gefragt.

Dieses Buch soll den Pferdebesitzer und alle anderen, die für Pferde verantwortlich sind, im täglichen Umgang mit ihren Tieren begleiten. Es soll den Leser in die Lage versetzen, Verletzungen und Erkrankungen so früh wie möglich zu erkennen, ihre eventuellen Folgen vorauszusehen, die notwendigen Sofortmaßnahmen zu ergreifen und Erste Hilfe zu leisten.

Nicht ohne Grund ist deshalb auf Seite 160 Platz für Ihre wichtigsten Telefonnummern, damit Sie diese im Falle eines Unglücks trotz der zwangsläufig damit verbundenen Aufregung sicher zur Hand haben.

Es war unmöglich, im Rahmen dieses Buches wirklich alle Notfälle, die im Umgang mit Pferden eintreten können, erschöpfend abzuhandeln.

Wir mußten uns deshalb einschränken und haben uns auf die häufigsten Verletzungen des Pferdes konzentriert. Die Besitzer, Reiter und Fahrer dieser Pferde werden bei der Lektüre des vorliegenden Buches vieles lernen und so ihren Pferden im Notfall wirklich helfen können.

Ohne die Mithilfe vieler Personen hätte dieses Erste-Hilfe-Buch nicht realisiert werden können. Wir möchten es daher nicht versäumen, den Mitautoren dieses Buches, der Zeichnerin, dem Illustrator, dem Fotografen und vor allem Frau S. Bernhard für ihr gekonntes und beharrliches Bedienen des Computers herzlich zu danken. Auch dem Direktor der Veterinär-Chirurgischen Klinik der Universität Zürich, Prof. J. A. Auer, sei an dieser Stelle für seine stetige Hilfsbereitschaft gedankt.

Prof. Dr. med. vet. Björn von Salis
Frauenfeld, im Frühjahr 1996

Prof. Dr. med. vet. Hans Geyer
Uster, im Frühjahr 1996

Dr. med. vet. Anton Fürst
Nüziders, im Frühjahr 1996

Mit Beiträgen von:

- Dr. Henriette Josseck
- Dr. Margret Rühli
- Ruedi Keller

- Matthias Haab (Illustrationen)
- Jeanne Peter (anatomische Zeichnungen)
- Primo Imhof (Fotos)

I. AUSGEWÄHLTE KAPITEL DER ANATOMIE UND PHYSIOLOGIE DES PFERDES

Anatomie ist die Lehre vom normalen Körperbau.
Physiologie ist die Lehre von den normalen Körperfunktionen.

Wer bei Notfällen zielgerichtet handeln möchte, muß über den Aufbau, die Lage und die normale Funktion der verschiedenen Körperteile des Pferdes Bescheid wissen. Die beiden Abbildungen vorne im Buch zeigen die wichtigsten Teile des Skeletts und erklären, wie man sich anhand von markanten Knochenpunkten am Pferdekörper orientieren kann. Die Darstellung von ausgewählten Abschnitten der inneren Organe sowie von einigen Gefäßen und Nerven auf der Körperoberfläche sollen einen ersten Eindruck von Bau und Lage der betreffenden Körperteile vermitteln. Auch für den Laien ist es wichtig, sich vor jeder Untersuchung und Behandlung über die Strukturen unter der Haut und auch weiter innen im Körper zu orientieren.

In den folgenden Abschnitten soll dem Leser ein Grundverständnis vom Bau und der Funktionsweise bestimmter Teile des Pferdekörpers vermittelt werden, soweit diese Zusammenhänge für das richtige Vorgehen bei Erster Hilfe nötig sind.

1. Die Haut

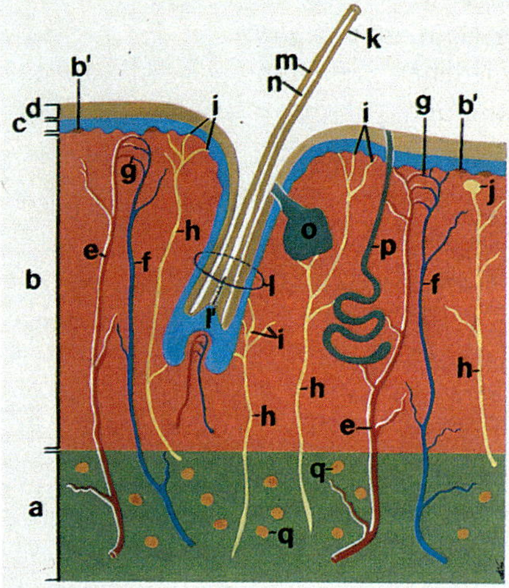

Schematischer Schnitt durch die Haut, vergrößert
a Unterhaut (grün);
b Lederhaut (rot), b' Papillen der Lederhaut; c-d Oberhaut: c Keimschicht (blau), d Hornschicht (beige);
e Arterien (rot); f Venen (blau); g Endverzweigung der Blutgefäße (Haargefäße = Kapillaren); h-j Nerven (gelb), i freie Nervenenden, j Tastkörperchen am Nervenende; k-l Haar: k Haarschaft = der über die Hautoberfläche ragende Teil des Haares, l Haarwurzel = der von der Haut umgebene Teil, l' Haarzwiebel = der Wachstumsbereich des Haares;
m Rinde des Haares;
n Markraum des Haares, enthält oft Hohlräume;
o Talgdrüse; p Schweißdrüse;
q Fettgewebe (orange)

Die Haut bildet die äußere Körperdecke und damit die Grenz- und Kontaktfläche des Organismus zur Umwelt. Daraus ergeben sich ihre vielfältigen und bedeutsamen Funktionen.

Aufgaben der Haut

Die Haut ist ein *Schutzorgan* gegenüber mechanischen, chemischen, physikalischen und biologischen Einwirkungen von außen. An Stellen mit einer hohen mechanischen Beanspruchung ist die Haut dicker, und an manchen Stellen wie beispielsweise am Huf ist sie speziell ausgebildet. Die intakte Haut verhindert das Eindringen von Bakterien, Pilzen, Viren, Wasser und gasförmigen Stoffen sowie der meisten Parasiten und Strahlen. Eine ihrer Hauptaufgaben liegt darin, den Verlust von Körperflüssigkeit zu

verhindern, die außer Wasser Eiweiß und Mineralstoffe enthält. Bei großflächigen Hautwunden wie beispielsweise Brandwunden ist der Flüssigkeitsverlust ein schwerwiegendes Problem.
Die Haut ist ein *Sinnesorgan*. Nervenendigungen, die an verschiedenen Stellen in der Haut lokalisiert sind, nehmen Druck-, Spannungs-, Temperatur- und Schmerzinformationen auf, die über das Rückenmark oder auf direktem Weg zum Gehirn geleitet werden. Im Gehirn können solche Reize an die Großhirnrinde übermittelt werden, wodurch sie bewußt werden, indem sie zum Beispiel eine Schmerzempfindung auslösen.
Die Haut ist ein *Ausscheidungsorgan*. Sie scheidet Wasser, Kochsalz, stickstoffhaltige Abbauprodukte des Körpers und Talg über verschiedene Drüsen aus. Die Wasserabgabe durch die Haut erfolgt einerseits in Form von Schweißsekretion und andererseits in Form von Wasserverdunstung an der Hautoberfläche. Über den Schweiß, der beim Pferd auch Eiweiß enthält (Schaumbildung), verliert das Sport- und Arbeitspferd ganz erhebliche Mengen von Wasser und Kochsalz. So gibt ein Pferd von 600 Kilogramm Körpergewicht bei leichter bis mittlerer Arbeit fünf bis zehn Liter Schweiß pro Tag ab. Dabei gehen 40 bis 80 Gramm Kochsalz verloren, die mit der Fütterung ersetzt werden müssen – beispielsweise durch einen Salzleckstein. Der von den Talgdrüsen abgegebene fettig-ölige Hauttalg schützt die Haut gegen Feuchtigkeit, gegen das Eindringen von Bakterien sowie vor Austrocknung und macht sie geschmeidig.
Die Haut ist ein *Speicherorgan* für Blut und Fett. Durch die Erweiterung der Blutgefäße in der Haut verlangsamt sich der Blutfluß. Auf diese Weise können bis zu 10 % der Gesamtblutmenge in der Haut gespeichert werden. Das Fett in der Unterhaut dient als Energiespeicher, Polstermaterial und zur Wärmedämmung.
Die Haut dient zur *Temperaturregulation*. Sie sorgt für den Wärmeaustausch mit der Umwelt und trägt dazu bei, die Körpertemperatur konstant zu halten. Die Verdunstung von Wasser senkt die Hauttemperatur. Über erweiterte Blutgefäße kann

auch in großem Maße Wärme abgegeben werden. Die Haut weist die niedrigste Temperatur des Körpers auf. Durch besondere Schutzgebilde in Form von Haaren, Borsten oder Federn soll ein zu großer Wärmeverlust verhindert werden.
Außerdem steht die Haut im Dienste der *Kommunikation*. Spezialisierte Schweiß- und Talgdrüsen sondern Geruchsstoffe ab, die zur Markierung des Territoriums oder als Witterungsorgane für das Auffinden des Geschlechtspartners oder des Muttertiers eine große Rolle spielen.

Der Bau der Haut

Bereits mit bloßem Auge lassen sich drei Schichten unterscheiden. Es sind dies die *Unterhaut*, die *Lederhaut* und die *Oberhaut*. Die Lederhaut und die Oberhaut bilden zusammen die eigentliche Haut.
Die *Unterhaut* befestigt die Haut an ihrer Unterlage. Sie besteht aus sehr lockerem Bindegewebe, in dem unterschiedlich viel Fett eingebaut sein kann. Das Fett bietet den Blut- und Lymphgefäßen sowie den Nerven einen gewissen Schutz und bildet ein elastisches Polster gegen Druck von außen. An Stellen, an denen die Haut straff über eine harte Unterlage wie beispielsweise Knochen gepannt ist, können in der Unterhaut Schleimbeutel ausgebildet sein. Sie entstehen erst nach der Geburt durch mechanische Beanspruchung der entsprechenden Stelle.
Die *Lederhaut* ist der Anteil der Haut, der bei tierischen Häuten nach dem Gerben das Leder liefert. Vom Grad ihrer Ausbildung hängt die Dicke der Haut ab. Die Lederhaut liegt unter der Oberhaut und besteht aus dichtem, gefäß- und nervenreichem Gewebe. Sie ist ähnlich wie die Unterhaut sehr schmerzempfindlich. In der Lederhaut befinden sich die meisten Hautsinnesorgane (freie Nervenenden, Tastkörperchen), und die Haare sind in ihr verankert. Die Lederhaut kann sich bis zu einem gewissen Grad dehnen. Im Alter läßt die Elastizität nach, und es entstehen Hautfalten. Die Lederhaut hat die Aufgabe, die Oberhaut zu ernähren und sich mechanisch fest mit ihr zu verbinden. Zur Ober-

flächenvergrößerung hat sie daher kleine Fortsätze, die Papillen, die zur Oberhaut vorragen und fest mit ihr «verzahnt» sind.

Die *Oberhaut* gliedert sich in eine Keimschicht aus lebenden Zellen und die darüberliegende Hornschicht. Die Hornschicht

Ausschnitt aus der unverletzten Oberhaut und Lederhaut, stark vergrößert a–b Lederhaut (rot); b Bindegewebsfasern, b' Papille; c–d Oberhaut: c Keimschicht (blau), c' Pigmentzelle, d Hornschicht

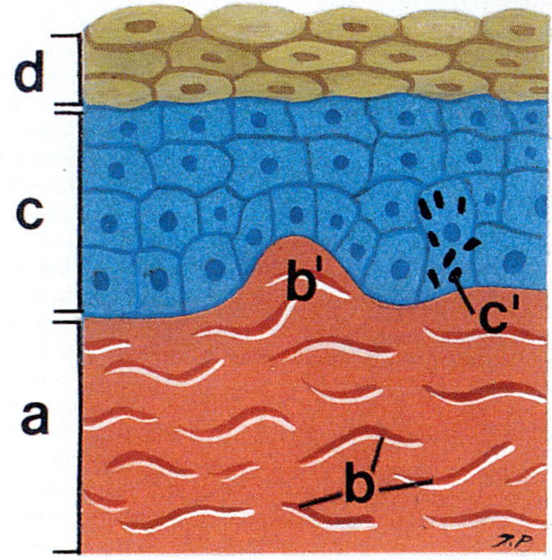

Schnitt durch die verletzte Haut zur Darstellung der Wundheilung, vergrößert. Wegen des Zuges der Bindegewebsfasern klafft die Wunde meistens. Bei der Wundheilung wachsen Zellen von der Keimschicht der Oberhaut sowie Zellen aus der Lederhaut vom Wundrand in Pfeilrichtung in die Wunde ein und schließen allmählich den Defekt. a–b Lederhaut, b Bindegewebsfasern; c–d Oberhaut: c Keimschicht, d Hornschicht

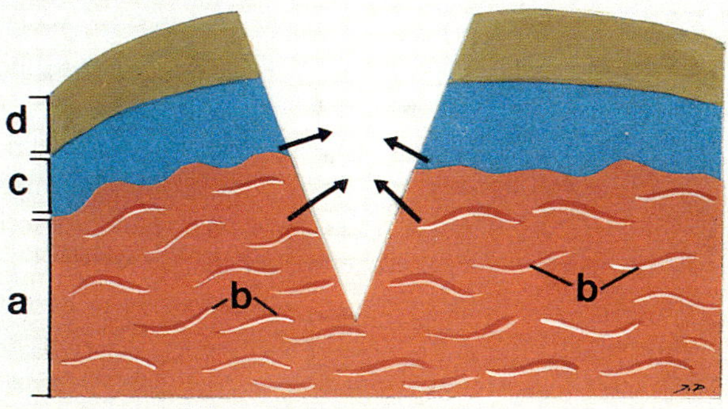

besteht aus mehreren Lagen abgeplatteter, toter Zellen, die Keratin enthalten. Ihre Dicke variiert je nach dem Grad der mechanischen Beanspruchung. Von der obersten Zellage schilfern ständig verhornte, abgestorbene Zellen (Hautschüppchen) ab. Der Zellnachschub erfolgt aus den untersten Schichten der Keimschicht, in welchen sich die Zellen teilen. Von der Bildung der Zellen bis zur Abstoßung an der Oberfläche vergehen etwa 20 bis 30 Tage. Die Zellteilung setzt eine ausreichende Versorgung mit Nährstoffen voraus. Diese stammen aus den Blutgefäßen der Lederhaut, denn die Oberhaut besitzt selber keine Blutgefäße. Die Keimschicht enthält unterschiedlich viel Pigment und bestimmt die Färbung der Haut.

Die Haut befindet sich in einem Zustand der ständigen Spannung. Deshalb klaffen die Ränder einer Schnittwunde immer auseinander. Bei der *Wundheilung* muß der Hautdefekt wieder überbrückt werden. Von der Lederhaut werden Zellen und Fasern gebildet, die die Wunde von innen her verschließen. Der Oberflächenverschluß der Wunde erfolgt durch Oberhautzellen, die aus der Keimschicht von der Seite her einwachsen, dann ausreifen und die Wunde verschließen. Eine normale Wundheilung dauert ohne Komplikationen bei aneinanderliegenden Wundrändern – wenn beispielsweise genäht wurde - zehn Tage.

An verschiedenen Stellen des Körpers läßt die Haut Sonderbildungen entstehen. Es handelt sich einerseits um lokalisierte Spezialdrüsenapparate, zu denen die *Schweiß-* und *Talgdrüsen* sowie die *Milchdrüse* gezählt werden, und andererseits um spezifische haarlose Hautorgane mit einer sehr starken *Verhornung* der Oberhaut. Beispiele hierfür sind Klaue, Huf, Kralle, Kastanie, Sporn oder Hörner.

2. Der Bewegungsapparat

Unter dem Begriff Bewegungsapparat werden alle Organe und Körperteile zusammengefaßt, die dem Körper die notwendige

Stabilität verleihen und die Voraussetzungen für spontane Bewegungen schaffen. Gleichzeitig bestimmen diese Körperteile weitgehend das artspezifische Aussehen eines Tieres. Der Bewegungsapparat läßt sich in einen passiven Teil, das *Skelettsystem* samt Gelenken und Bändern, und einen aktiven Teil, das *Muskelsystem*, einteilen, die sehr eng zusammenwirken.

Der passive Bewegungsapparat

Der passive Bewegungsapparat besteht aus harten, tragfähigen *Einzelknochen*, die in ihrer Gesamtheit das *Skelett* bilden. Die Form der einzelnen Knochen ist verschieden. Sie entspricht den jeweiligen statischen und funktionellen Erfordernissen. Man unterscheidet:

- kurze Knochen wie beispielsweise die Wirbel oder die kleinen Knochen in zusammengesetzten Gelenken (Vorderfußwurzel- und Sprunggelenk)
- platte Knochen wie zum Beispiel die Kopfknochen oder das Schulterblatt
- Röhrenknochen, die man vor allem an den Gliedmaßen findet (Oberarm-, Oberschenkelknochen, Unterarm-, Unterschenkelknochen, Röhrbein des Mittelfußes oder das Fesselbein an der Zehe).

Erhabenheiten oder Höcker der Knochen, beispielsweise Bandansatzstellen an den Gelenken oder Knochenteile, die direkt unter der Haut liegen, dienen als wichtige Orientierungspunkte beim Abtasten der Gliedmaßen oder beim Aufsuchen von Gelenken oder Sehnenansatzstellen. Solche Stellen sind etwa der Ellbogenhöcker, das Erbsenbein am Vorderfußwurzelgelenk, die Seiten der Röhrbeine, die Bandhöcker des Fesselgelenks oder der Fersenhöcker oben und hinten am Sprunggelenk.

Der Aufbau eines *Röhrenknochens* soll näher besprochen werden:

Ein Röhrenknochen besteht aus einem Mittelstück, dem *Knochenschaft*, und je einem *oberen* und *unteren Endstück*. Im Schaftbereich umschließt die aus dicht geschichtetem Kno-

Aufbau eines Röhrenknochens: Längsschnitt durch die Speiche des Unterarms vom Jungpferd
a Knochenschaft; b oberes Knochenende; c unteres Knochenende; d Gelenkknorpel; e Wachstumsfuge: in der Jugend Knorpel, verknöchert bei Wachstumsende; f Knochenrinde = Kompakta; g Markhöhle mit Knochenmark; h Knochenbälkchen = Spongiosa; i Knochenhaut = Periost; k Blutgefäß mit Ästen (l) zur Knochenhaut und dem äußeren Teil der Kompakta; m Blutgefäße zum Markraum und dem inneren Teil der Kompakta; n Gefäßäste zur Spongiosa; o Stümpfe der Gelenkkapsel

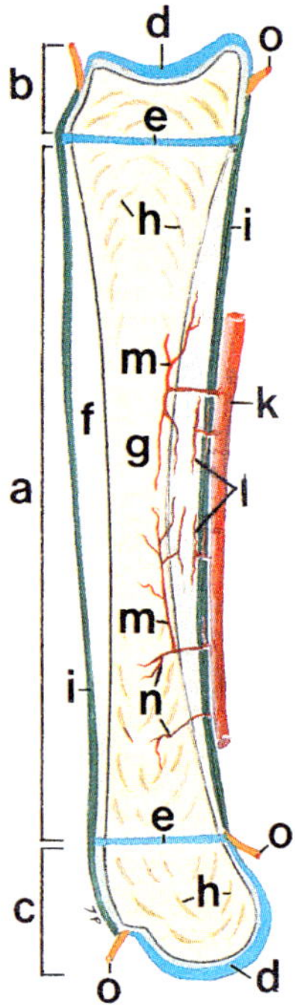

chengewebe bestehende *Knochenrinde*, auch Kompakta genannt, die Markhöhle. Die Knochenrinde enthält zahlreiche Knochenröhrchen und ist sehr belastungsfähig. An beiden Enden eines Röhrenknochens wird die Knochenrinde dünner. Im Innern bildet hier das Knochengewebe ein dreidimensionales Gitterwerk von Knochenbälkchen aus. Die Anordnung dieser Knochenbälkchen richtet sich nach den auftretenden Druck- und Zugkräften. In der *Markhöhle* und zwischen den Knochenbälkchen befindet sich das *Knochenmark*.

Bei der Geburt ist nur rotes blutbildendes Knochenmark vorhanden. Es wird im Laufe der Zeit in den meisten Knochen allmählich durch gelbes Fettmark verdrängt. Nur in wenigen Knochen (Rippen, Brustbein, Wirbel, Becken) bleibt das rote Knochenmark für den Zellnachschub der Blutkörperchen, also der Blutzellen, erhalten.

Während des Wachstums befindet sich zwischen dem Mittelstück und den beiden Endstücken eines Röhrenknochens je eine knorpelige *Wachstumsfuge*. Hier findet das Längenwachstum des Knochens statt. Die Verknöcherung der knorpeligen Fuge bedeutet das Ende des Längenwachstums. Beim Jungpferd ist der Bereich der knorpeligen oder noch nicht vollständig verknöcherten Wachstumsfuge die Stelle, an der nicht selten Knochenbrüche, also Frakturen, auftreten.
Jeder Knochen wird mantelartig von einer sehr gefäß- und nervenreichen *Knochenhaut*, dem Periost, umgeben. Die Blutgefäße der Knochenhaut dringen in die Knochenkompakta ein und ernähren einen Teil des Knochens. Andere Blutgefäße versorgen die Knochenkompakta vom Markraum her. Die Knochenhaut spielt bei der Heilung von Knochenbrüchen eine wichtige Rolle. Der Heilungsprozeß geht von den Zellen der Knochenhaut und den Begleitzellen der ins Bruchgebiet einsprossenden Blutgefäße aus. Werden bei einem Knochenbruch die beiden Bruchenden nicht ausreichend ruhiggestellt, so entstehen Bewegungen, die ein Einwachsen der Blutgefäße und damit die Heilung des Bruches verzögern.
Die aneinanderstoßenden Knochen sind entweder beweglich oder unbeweglich miteinander verbunden. Eine unbewegliche Verbindung findet sich beispielsweise zwischen den Schädelknochen. An den Stellen, an denen eine größere Beweglichkeit erforderlich ist, sind *Gelenke* ausgebildet. Zu einem Gelenk gehören zwei einander gegenüberliegende Knochenenden, die von einem glatten, bläulichweißen, stoßdämpfenden *Gelenkknorpel* überzogen sind. Normalerweise passen sie so aufeinander, daß die eine Gelenkfläche das Negativ der anderen bildet. Das eine Knochenende liefert die Gelenkerhöhung und das andere die formschlüssige Vertiefung. Passen die Knochenenden nicht aufeinander, so befinden sich in den Lücken dazwischen Knorpelscheiben wie zum Beispiel die Menisken im Kniegelenk.
Die *Gelenkkapsel* verbindet die beiden Knochenenden und umschließt die Gelenkhöhle. Je nach Art der Belastung und nach

Schematischer Aufbau eines Gelenkes am Beispiel eines Längsschnittes durch das Krongelenk
Das hinter der Schnittebene liegende innere Seitenband (g) ist gestrichelt eingezeichnet.
a oberes Knochenende (Fesselbein) mit Gelenkerhöhung; b unteres Knochenende (Kronbein) mit Gelenkvertiefung; c Gelenkknorpel (blau), c' Berührungszone gegenüberliegender Knorpel – je nach Gelenkstellung berühren sich verschiedene Knorpelzonen; d Gelenkkapsel (orange), produziert die Gelenkschmiere = Synovia; e Gelenkhöhle, enthält Synovia; f Knochenhaut = Periost (grün); g Seitenband mit spiralförmig gedrehten Faserzügen

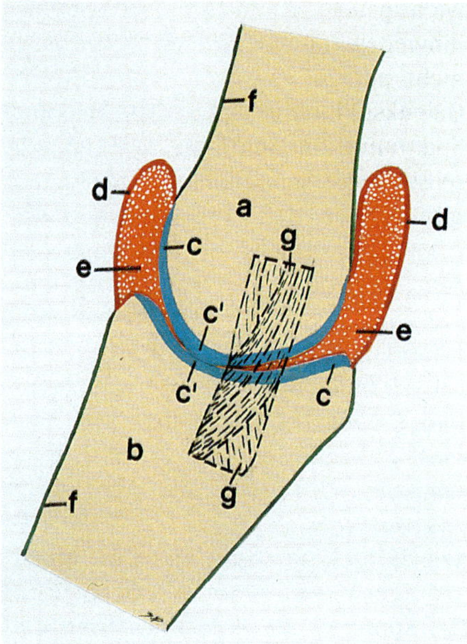

der erforderlichen Beweglichkeit des Gelenkes ist die Kapsel straff oder bildet einen geräumigen Sack. In der Gelenkhöhle befindet sich die *Gelenkschmiere* oder Synovia. Diese ist zähflüssig, fadenziehend und gelblich. Sie erhält das Gelenk feucht und gleitfähig, dient zur *Ernährung des Gelenkknorpels* und vermindert auch die Reibung. Bei Belastung geben die einander gegenüberliegenden Knorpel, wenn sie gesund sind, ganz wenig Flüssigkeit an ihre Oberfläche ab; dieser Flüssigkeitsfilm vermindert vor allem die Reibung zwischen den sich berührenden Knorpelenden. Ein kranker, oft matt aussehender Knorpel kann bei Belastung zu wenig Flüssigkeit abgeben.
Bei den meisten Gelenken halten *Bänder* die Knochenenden zusammen und sind an deren Führung beteiligt. Sie verhindern oder beschränken auch gewisse Bewegungen des Gelenkes. Dabei werden sie durch Muskeln und Sehnen unterstützt. Am

wichtigsten sind die *Seitenbänder*, die seitlich über das Gelenk hinwegziehen. Bei den Seitenbändern verlaufen die Faserzüge nicht parallel, sondern spiralförmig gedreht, so daß in jeder Gelenkstellung in den verschiedenen Faserzügen eine ähnliche Spannung herrscht. So werden Überdehnungen und Zerreißungen von Faserzügen vermieden; bei paralleler Faseranordnung würden die einen Faserzüge überdehnt und die anderen wären je nach Gelenkstellung zu schlaff.

Am Gelenk sind sowohl die Gelenkkapseln als auch die Gelenkbänder sehr *schmerzempfindlich*. Das gleiche gilt für die den Knochen überziehende Knochenhaut, in welche die Gelenkkapsel am Ende des Gelenksackes übergeht. Es ist wichtig zu wissen, daß Abbauprodukte von geschädigten Gelenkknorpeln oder Gelenkbändern die Gelenkkapsel reizen und Schmerzen verursachen können, auch wenn die Gelenkkapsel nicht stark gefüllt ist.

Als *Gallen* bezeichnet man vermehrt gefüllte Synovialräume wie Gelenkkapseln, Sehnenscheiden oder Schleimbeutel. Bei mäßiger Füllung müssen solche Gallen nicht schmerzhaft sein. Sie können aber auch in diesem Stadium schon gereizt sein, Schmerzen bereiten und deshalb sogar Lahmheiten verursachen. Eine leicht vermehrte Füllung der Fesselbeugesehnenscheide ist häufig zu sehen und tritt meist ohne Schmerzen auf. *Stark und prall gefüllte Gallen* sind in der Regel sehr schmerzhaft. Eine *akut entstandene Galle* ist entzündet und deshalb warm. Sie verursacht oft Schmerzen und Lahmheit. Die *chronische Galle* ist entweder kalt und weich oder verhärtet und kann dann zu mechanischer Behinderung führen. Die Verhärtung kann durch Wandverdickung sowie durch Ausflockung und Verklumpung der Gelenkschmiere oder des Inhalts der Sehnenscheiden und Schleimbeutel zustande kommen.

Der aktive Bewegungsapparat

Der aktive Bewegungsapparat wird von den *Muskeln*, *Sehnen* und *Hilfsorganen* wie Muskelbinden, Schleimbeuteln und Sehnenscheiden gebildet. Muskeln besitzen die Fähigkeit, sich auf

Streck- und Beugemuskeln des Vorderfußwurzelgelenks* und ihre Anteile, schematisierte Ansicht auf die Innenseite der Gliedmaße
a Oberarmknochen; b Ellbogengelenk; c Ellbogenhöcker; d Speiche; e Ausdehnung des Karpalgelenks mit innerem Seitenband; f Streckseite (Vorderseite) des Karpalgelenks; g Beugeseite des Karpalgelenks; h Röhrbein; i Griffelbein; k–o Streckmuskel des Karpus mit Sehne: k Ursprung, l Muskelbauch, m Sehne; n Sehnenscheide, o Ansatz der Sehne; blaue Pfeile: Bewegungsrichtung beim Strecken; p–t Beugemuskel des Karpus mit Sehne: p Ursprung, q Muskelbauch, r Sehne; s Sehnenscheide, t Ansatz; grüne Pfeile: Bewegungsrichtung beim Beugen

* Vorderfußwurzelgelenk = «Vorderknie» = Karpalgelenk

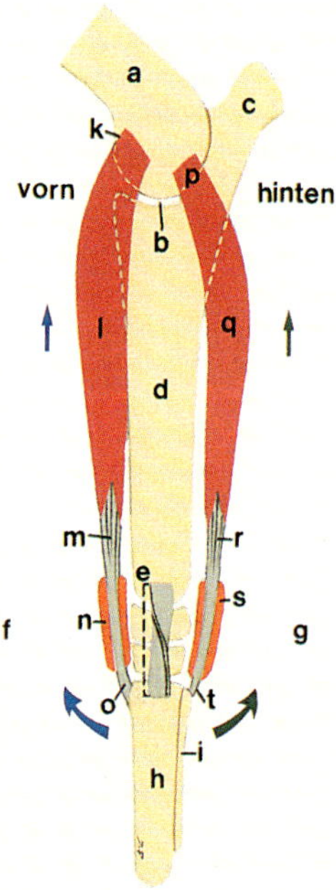

einen Nervenreiz hin zusammenzuziehen. Dadurch bewegen sich die Knochen, zwischen denen sie eingespannt sind. Die Gesamtheit der Muskeln, die am Skelett ansetzen, wird unter dem Begriff *Skelettmuskulatur* zusammengefaßt. Beim Pferd lassen sich insgesamt etwa 250 Muskeln unterscheiden. Sie nehmen dabei folgende Aufgaben wahr:

- Bewegung des ganzen Körpers oder einzelner Teile davon,
- Erhaltung des Gleichgewichts,
- Bildung der Körperhöhlenwände und
- Unterstützung der inneren Organe (zum Beispiel Atmung, Bauchpresse).

Jeder Muskel setzt sich aus einer Vielzahl feinster Muskelfasern zusammen. Mehrere Muskelfasern werden durch Bindegewebe zu Faserbündeln zusammengefaßt. Zwischen den einzelnen

Muskelfasern verlaufen sehr viele kleine Blutgefäße, die Kapillaren. Sie dienen der Versorgung des Muskels mit Sauerstoff und Nährstoffen sowie dem Abtransport von Abfallprodukten, beispielsweise von Milchsäure und Kohlendioxid. Die *Blutversorgung* und damit auch die Sauerstoffzufuhr werden durch Bewegung in Form von langsam aufbauendem Training gefördert.

Der Muskel speichert in Ruhe Zucker in Form von tierischer Stärke (Glykogen) als Energiereserve. Wird ein sonst regelmäßig arbeitendes Pferd an Ruhetagen kohlenhydratreich mit Kraftfutter gefüttert, so lagern seine Muskeln viel Glykogen ein. Wenn auf einen solchen Ruhetag plötzlich starke Arbeitsbelastungen folgen und das Pferd zudem wenig aufgewärmt wurde, ist die Durchblutung der Muskulatur, besonders der großen Muskeln an Kruppe und Oberschenkel, oft ungenügend. Es sammeln sich große Mengen von Milchsäure und anderen Stoffwechselprodukten an, die nicht abtransportiert werden können. Dadurch wird der Muskel geschädigt, und viele Muskelzellen werden zerstört. Die rasch auftretende Erkrankung, die vor allem zur Anschwellung und Verhärtung der Kruppen- und Oberschenkelmuskulatur führt, wird als *Kreuzschlag* oder *Kreuzverschlag* bezeichnet. Als vorbeugende Maßnahmen zur Verhinderung des Kreuzverschlags sind eine kohlenhydratarme Fütterung an Ruhetagen (Weglassen des Kraftfutters) sowie gutes Aufwärmen bei Wiederaufnahme der Arbeit dringend zu empfehlen.

Die Form der Muskeln ist sehr vielgestaltig und abhängig von der Lage. An den Gliedmaßen sind sie eher spindelförmig, am Rücken rundlich-lang und seitlich am Körper großflächig ausgebildet. An den Muskeln unterscheidet man einen *Muskelbauch*, einen *Ursprung* und einen *Ansatz*. Bei Muskeln an den Gliedmaßen liegt der Ursprung auf der dem Rumpf zugewandten Seite, während sich der Ansatz in Bodennähe befindet. Aus der Anordnung ergibt sich die Wirkung des Muskels. Muskeln, die den Gelenkwinkel verkleinern, heißen *Beuger*, wäh-

rend man solche, die den Gelenkwinkel vergrößern, als *Strecker* bezeichnet.
Kein Muskel arbeitet für sich alleine. Alle Bewegungen sind vielmehr das Resultat eines feinen Zusammenspiels von mehreren Muskeln. Es gibt Muskeln, die miteinander, und solche, die gegeneinander arbeiten. Wenn sich bestimmte Muskeln zusammenziehen, muß die Spannung der Gegenspieler entsprechend nachlassen. Letztere wirken wie eine Art Bremse. Die Bewegungsstärke und der Zeitpunkt des Zusammenziehens werden vom Nervensystem reguliert. Erkrankungen der hierfür zuständigen Teile des Nervensystems wirken sich dementsprechend in Form von Bewegungsstörungen aus.
Der Muskel verjüngt sich in der Regel an den Enden und geht in *Sehnen* über. Diese stellen die Verbindung zwischen Muskel und Knochen her. Aus spindelförmigen Muskeln gehen Sehnen mit einem rundlichen Querschnitt hervor, während flächige Muskeln in Sehnenplatten münden. Die Sehnenfasern sind parallel und in der Zugrichtung angeordnet. Sie zeichnen sich durch eine *hohe Zug- und Reißfestigkeit* aus, die aber nicht unendlich groß ist. Bei starken und dauernden Zugbelastungen der Sehnen kommt es häufig zu Mikrorissen von Sehnenfaserbündeln, die ihrerseits zu chronischen Entzündungen führen. Bekannt sind zum Beispiel die chronischen Sehnenentzündungen nach Faserzerreißungen unterschiedlichen Grades an der oberflächlichen Beugesehne, die vor allem bei Galopprennpferden häufig sind. Die verdickte, oberflächliche Beugesehne wird auch «Bogen» oder «Banane» genannt. Die verdickte, seitwärts ausbuchtende, tiefe Beugesehne bezeichnet man als «Wade». Bei der Ultraschalluntersuchung erscheint das veränderte Sehnengewebe im Gegensatz zum normalen, sehr dichten Sehnengewebe aufgelockert.
Ein weiteres charakteristisches Merkmal des Sehnengewebes ist seine *geringe Blutgefäßversorgung*. Sehnenverletzungen heilen deshalb sehr schlecht und langsam. Nach einer vollständigen

Durchtrennung hat eine Sehne selbst zwölf Monate nach der Operation erst circa 50% ihrer ursprünglichen Reißfestigkeit wiedererlangt.

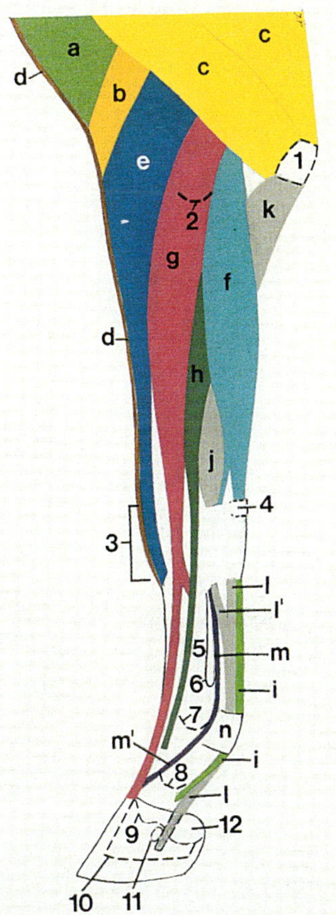

Muskeln, Sehnen und Gelenke an der linken Vordergliedmaße, von Oberarmmitte nach unten, Ansicht von der Außenseite
1 Ellbogenhöcker; 2 Lage des Ellbogengelenks; 3 Ausdehnung des Karpalgelenks = Vorderfußwurzelgelenk; 4 Erbsenbein; 5 Röhrbein; 6 Griffelbein; 7 Fesselgelenk; 8 Krongelenk; 9 Hufgelenk; 10 Umrisse des Hufbeins; 11 Strahlbein; 12 Hufknorpel

a Bizeps, b Oberarmmuskel, a-b sind Beuger des Ellbogengelenks; c dreiköpfiger Muskel, Strecker des Ellbogengelenks; d dünner Sehnenstrang, verläuft vorne auf dem Bizepsmuskel und dem inneren Karpalstrecker. Der Sehnenstrang verbindet das Schulterblatt mit dem Röhrbein und fixiert so das Vorderbein beim Stehen in Streckstellung; e innerer Karpalstrecker; f äußerer Karpalstrecker, der das Karpalgelenk beugt, weil er weit hinten ansetzt. Bei anderen Tierarten, wo er weiter vorn ansetzt, streckt er das Karpalgelenk; g gemeinsamer Zehenstrecker; h seitlicher Zehenstrecker; i oberflächliche Beugesehne, der zugehörige Muskelbauch am Unterarm ist nicht sichtbar, da er von anderen Muskeln bedeckt ist; j-l tiefer Zehenbeuger: k sein von der Elle kommender Teil, l tiefe Beugesehne, l' ihr Halteband vom Röhrbein; m Fesselträger, m' seine untere Verbindung zur Strecksehne; n Fesselringband = Sehnenhalteband hinter dem Fesselgelenk

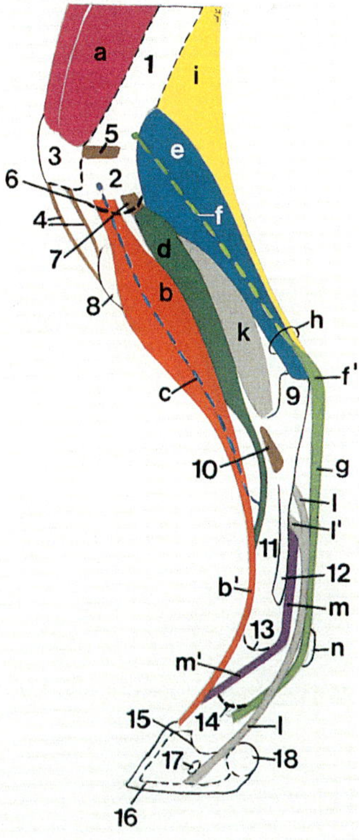

Muskeln, Sehnen und Gelenke an der linken Hintergliedmaße von Oberschenkelmitte nach unten, Ansicht von der Außenseite.
Die außen liegenden Portionen der Hinterbackenmuskeln sind entfernt, damit die Unterschenkelmuskulatur gut sichtbar ist.

1-2 Oberschenkelknochen: 1 sein Schaft, 2 sein unteres Ende; 3 Kniescheibe; 4 untere Kniescheibenbänder; 5 seitliches Kniescheibenband; 6 Lage des Kniekehlgelenkes; 7 Seitenband des Kniekehlgelenkes; 8 Schienbein; 9 Fersenhöcker; 10 Seitenband des Sprunggelenkes; 11 Röhrbein; 12 Griffelbein; 13 Fesselgelenk; 14 Krongelenk; 15 Hufgelenk; 16 Umrisse des Hufbeins; 17 Strahlbein; 18 Hufknorpel

a vierköpfiger Oberschenkelmuskel, Strecker des Kniegelenks. Der Muskel kann mit wenig Kraft die Kniescheibe auf einer Knochennase des Oberschenkelknochens festhalten und so das Kniegelenk und damit die ganze Hintergliedmaße in Streckstellung fixieren; b langer Zehenstrecker, b' seine Sehne; c sehniges Spannband vom Oberschenkelknochen zum Röhrbein, beugt gleichzeitig das Sprunggelenk bei Beugung des Kniegelenks; d seitlicher Zehenstrecker; e Wadenmuskel; f oberflächlicher Zehenbeuger, heftet sich mit Fersenkappe (f') am Fersenhöcker an. Der oberflächliche Zehenbeuger ist ein stark sehnig durchsetzter Muskel, der das hintere Spannband des Unterschenkels bildet und bei Streckung des Kniegelenks gleichzeitig das Sprunggelenk streckt; g oberflächliche Beugesehne; h Fersensehnenstrang; i hintere Anteile der langen Sitzbeinmuskulatur (von Bizeps und halbsehnigem Muskel), die in den Fersensehnenstrang einstrahlen; k-l tiefer Zehenbeuger, l tiefe Beugesehne, l' ihr Halteband vom Röhrbein; m Fesselträger, m' seine untere Verbindung zur Strecksehne; n Fesselringband = Sehnenhalteband hinter dem Fesselgelenk

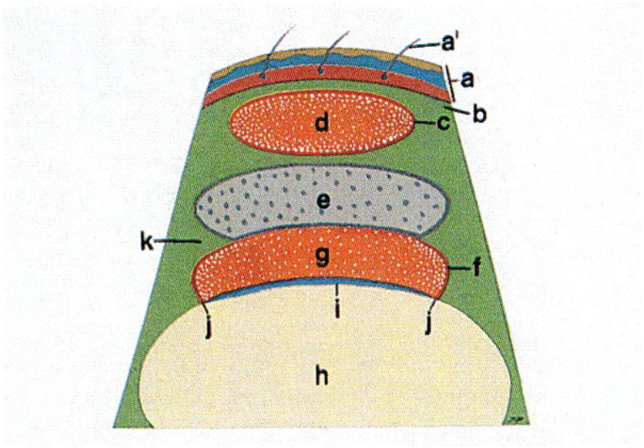

Lage und Aufbau von Schleimbeuteln am Beispiel eines Querschnitts von Haut bis Fersenhöcker
Die Schleimbeutel dienen zur Polsterung der Haut und als Gleitkissen für die druckempfindliche Sehne.
a Haut mit Haaren (a'); b Unterhaut; c-d Schleimbeutel in der Unterhaut: c seine Wand, d sein Lumen, gefüllt mit Gleitflüssigkeit (= Synovia); e Sehne (hier: oberflächliche Beugesehne); f-g Schleimbeutel unter einer Sehne: f seine Wand, g sein Lumen mit Gleitflüssigkeit; h Unterlage zum Beispiel überknorpeltes Knochenstück (hier: Fersenhöcker); i Knorpel; j Übergangsstelle der Wand des Schleimbeutels in den Knorpel; k umhüllendes Bindegewebe

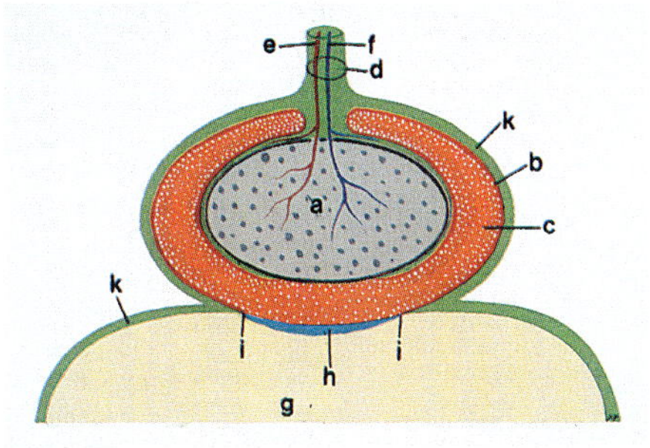

Sehne und Sehnenscheide im Querschnitt
Die druckempfindlichen Sehnen sind an allen druckgefährdeten Stellen von schlauchähnlichen Sehnenscheiden umgeben, die mit Gleitflüssigkeit (= Synovia) gefüllt sind. Das Schema zeigt auch, daß die Sehne nur schwach mit Gefäßen versorgt ist.
a Sehne; b-c Sehnenscheide: b ihre Wand, bildet Gleitflüssigkeit; c Lumen der Sehnenscheide, gefüllt mit Gleitflüssigkeit; d Sehnengekröse = Haltezügel, der Gefäße an die Sehne heranbringt; e Arterie; f Vene; g-h Unterlage: zum Beispiel Knorpel, Knochen, Gelenkkapsel, h Knorpelüberzug; i Übergang der Wand der Sehnenscheide in Knorpel; k umhüllendes Bindegewebe (grün)

Im Gegensatz zur hohen Zugfestigkeit ist die *Druckfestigkeit* von Sehnen *sehr gering*. An Stellen mit starker Druckbelastung sind die Sehnen deshalb häufig von Sehnenscheiden umhüllt, oder sie sind – beispielsweise an Knochenkanten oder Knochenflächen – von einem Schleimbeutel unterlagert.

Bei den *Schleimbeuteln* handelt es sich um dünnhäutige, kleine Säcke im Gewebe. Sie enthalten eine Flüssigkeit, die in ihrer Zusammensetzung der Gelenkflüssigkeit gleicht. Die Schleimbeutel dienen als Gleit- oder wasserkissenartige Schutzvorrichtung. Sie befinden sich zwischen den Knochen und den straff über diese hinwegziehenden Muskeln, unter Sehnen und Bändern oder unter der Haut. Der Schleimbeutel unter der oberflächlichen Beugesehne am Fersenhöcker ist ein wichtiges Gleitkissen und Druckpolster für diese Sehne, da der knochige Fersenhöcker einen erheblichen Druck auf die darüberliegenden Gewebe (Sehne und Haut) ausübt.
Nach ihrer Entstehung unterscheidet man zwischen angeborenen und erworbenen Schleimbeuteln. Die *unter der Haut liegenden Schleimbeutel* entstehen erst nach der Geburt, sind also erworben. Ihr Vorkommen ist nicht regelmäßig und hängt vom Alter, vom Ernährungszustand und vom Einsatz des Pferdes ab. Der Schleimbeutel über dem Ellbogenhöcker kann sich durch Druck des Stollens am Hufeisen vergrößern und wird dann zur sogenannten Stollbeule. Weitere wichtige Schleimbeutel unter der Haut sind derjenige am Fersenhöcker und vor allem der subkutane Schleimbeutel am Widerrist, der über dem Dornfortsatz des fünften bis siebten Brustwirbels unter dem Vorderzwiesel des Sattels liegt und sich bei Reibung und Druck leicht vergrößern und auch infizieren kann.
An vielen Stellen, an denen Druck auf die Sehnen ausgeübt wird, sind diese nicht von einem Schleimbeutel unterlagert, sondern von *Sehnenscheiden* umgeben. Sehnenscheiden sind schlauchähnliche und mit Flüssigkeit gefüllte Hüllen. Die Sehnenscheiden findet man dort, wo Sehnen mit einer starken Spannung über harte, oft vorspringende Skeletteile hinwegziehen, zum Beispiel am Karpus oder am Fesselgelenk. Die Sehnenscheiden gleichen vom Aufbau her den Schleimbeuteln, funktionieren aber hauptsächlich als *Gleitvorrichtung*. Im Gegensatz zum Schleimbeutel umschließt die Sehnenscheide die Sehne bis auf einen schmalen Gewebestreifen vollständig. Bei einer krankhaf-

Querschnitt durch die Mitte des Unterarms, vordere Hälfte
Im Bereich der dicken Muskelbäuche ist bei Verletzungen die Entfernung von der Haut bis zum Knochen groß. Tiefe Fleischwunden sind manchmal weniger gefährlich als Wunden, die nahe der Oberfläche zum Beispiel eine Sehnenscheide eröffnen.
a-c Speiche: a Knochenmark, b Knochenrinde = Kompakta, c Knochenhaut = Periost; d Muskel, Karpalstrecker; e Muskel, Zehenstrecker; f Haut mit Unterhaut, f' Haare; g oberflächliche Faszie; h tiefe Faszie (Faszien sind straffe Bindegewebshäute); i straffe Muskelhülle (= Muskelfaszie), j Bindegewebssepten, grenzen Muskelfaserbündel ab; k lockeres Bindegewebe (hellgrün); l oberflächlich liegende Vene; m tiefliegende Arterie und Vene

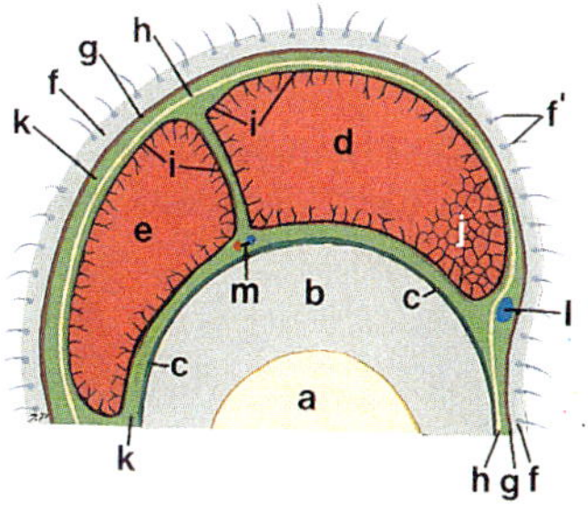

Längsschnitt durch den Vorderfuß in der Fessel- und Krongelenksgegend, schematisiert
Die für Infektionen sehr anfälligen Gelenke, Sehnenscheiden und Schleimbeutel liegen hier nahe der Haut und werden bei Verletzungen leicht mitbetroffen.

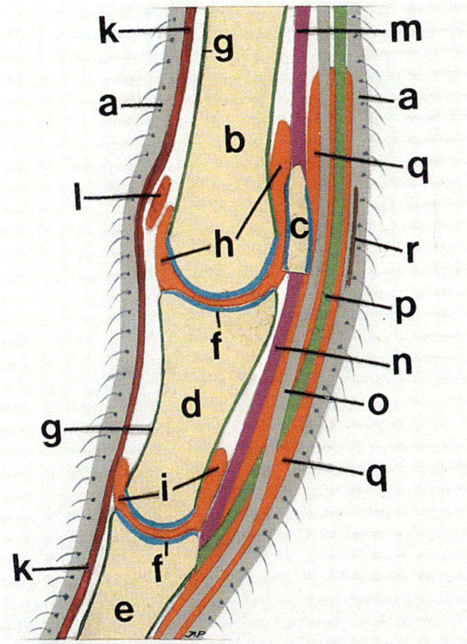

a äußere Haut; b Röhrbein; c Gleichbein; d Fesselbein; e Kronbein; f Knorpel (blau); g Knochenhaut (grün); h Fesselgelenk; i Krongelenk; k Sehne des Zehenstreckers; l Schleimbeutel unter Strecksehne; m-n Fesselträger: m oberer Teil, n unterer Teil (= unteres Gleichbeinband); o tiefe Beugesehne, Hufbeinbeuger; p oberflächliche Beugesehne (Kronbeinbeuger); q Fesselbeugesehnenscheide für beide Beugesehnen, reicht von einer Handbreit über dem Fesselgelenk bis in die Hufkapsel hinein; r Fesselringband

ten Vermehrung der Flüssigkeit wölben sich die erweiterten Sehnenscheiden unter der Haut hervor, soweit dies möglich ist. Man spricht in diesem Fall von einer Sehnenscheidengalle. Die Wand der Sehnenscheide und des Schleimbeutels ähnelt der Wand der Gelenkkapsel und ist sehr schmerzempfindlich.
Zusammenfassend muß noch darauf hingewiesen werden, daß *Sehnenscheiden, Schleimbeutel und ganz besonders die Gelenke sehr anfällig für Infektionen* sind. Bei Verletzungen dieser Synovialräume – beispielsweise durch einen Gabelstich –, die oft auch oberflächennah unter der Haut erscheinen, sollte schnellstmöglich eine tierärztliche Behandlung erfolgen.
Weitere Merkmale des Bewegungsapparats sind Faszien und Sehnenhaltebänder. *Faszien* sind flächenhafte, ziemlich straffe Bindegewebshäute, die entweder unter der Haut oder weiter innen nahe bei der Muskulatur, den Sehnen oder Gelenken liegen. Als Muskelhüllen umgeben Faszien auch die Muskeln oder Teile von Muskeln. Bei Wunden wirken Faszien oft wie Folien, an denen entlang sich der Eiter ausbreiten oder in die Tiefe versacken kann. Dies ist zum Beispiel bei vereiterten Schleimbeuteln am Widerrist der Fall. *Sehnenhaltebänder* sind Faszienverstärkungen. Es handelt sich dabei um stark gerafftes Bindegewebe, das die Sehnen an exponierten Stellen in ihrer Position hält und ein Abgleiten verhindert. Typische Beispiele sind das Fesselringband am Fesselkopf oder die seitliche Befestigung der oberflächlichen Beugesehne am Fersenhöcker. Für die Untersuchung sollte man wissen, daß Schleimbeutel oder Sehnenscheiden, die von Haltebändern bedeckt sind, im Bereich der Haltebänder nicht zu fühlen sind. Sie quellen erst neben oder über den Haltebändern hervor und sind dort fühlbar – zum Beispiel die Fesselbeugesehnenscheide oberhalb des Fesselringbandes.
Zur Schonung von Gelenken, Bändern und Sehnen ist es wichtig, daß die Muskulatur eines Pferdes gut und regelmäßig trainiert und gymnastiziert wird, so daß sich das Tier «tragen» kann. Bei wenig oder schlecht trainierten Pferden, von denen

oft trotzdem Höchstleistungen verlangt werden, ermüdet die Muskulatur schnell. Dadurch steigt die Belastung der passiven Tragelemente, und es kommt durch Überbeanspruchung zu Schäden an Sehnen, Gelenken und Bändern wie Zerrungen, Zerreißungen, Stauchungen und Gelenkreizungen.

Der Rumpf

Die *Wirbelsäule* besteht aus sieben Halswirbeln, 18 Brustwirbeln, sechs oder manchmal fünf Lendenwirbeln, fünf Kreuzwirbeln sowie 15 bis 20 Schwanzwirbeln. Der Brustkorb wird außer von den Brustwirbeln seitlich noch von 18 Rippen und unten durch das Brustbein gestützt.

Als *Widerrist* bezeichnet man den Bereich der hohen Dornfortsätze der vorderen zwölf Brustwirbel. Im hinteren Brustbereich sowie im Lendenwirbelbereich ist zu beachten, daß sich die Dornfortsätze von benachbarten Wirbeln berühren und zu Schmerzen führen können. Man bezeichnet sie dann als *«kissing spines»*.

Die Bewegung der Wirbel erfolgt an den *Wirbelgelenken*. Im Halsbereich erlauben die schräg gestellten Gelenkflächen auch starke Seitwärtsbewegungen. In der Brust- und Lendengegend sind nur noch leichte Seitwärtsbewegungen möglich, wobei die Krümmung beziehungsweise Biegung des Rückens nach oben und unten ausgeprägter ist als die Seitwärtsbewegung. Hier ist zu beachten, daß die Wirbelgelenke im hinteren Brustbereich sowie in der Lendengegend und am Übergang des letzten Lendenwirbels zum Kreuzbein auch erkranken und die häufig auftretenden Rückenschmerzen verursachen können.

Am Rumpf findet man verschiedene *Tragelemente*. Entlang der Wirbelkörper verläuft ein oberes und ein unteres Längsband. Diese Bänder ziehen über eine lange Strecke von vorn nach hinten. Außerdem sind die einzelnen Wirbel untereinander jeweils durch kleine Bänder verbunden.

Als wichtigstes Band ist das *Nackenrückenband* anzusehen: Das Nackenband verläuft vom Hinterhaupt zum Widerrist und

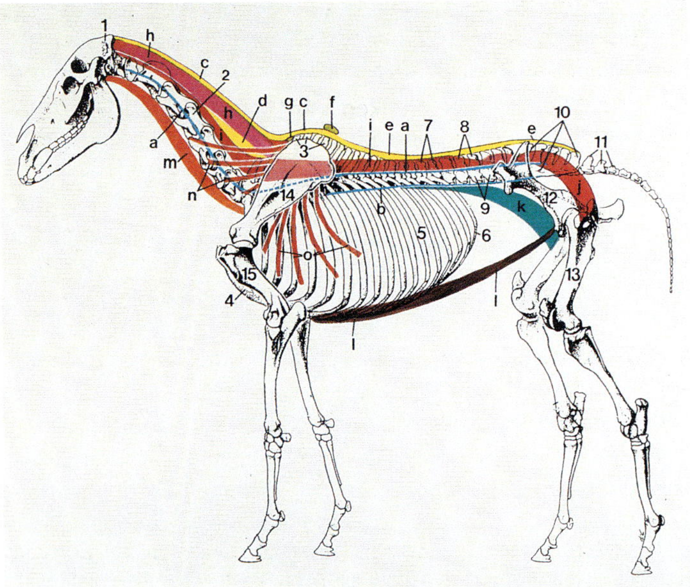

Knochen, Bänder und Muskeln am Rumpf
1 Hinterhauptsbein; 2 Halswirbel; 3 Dornfortsätze der vorderen Brustwirbel am Widerrist; 4 Brustbein; 5 Rippen; 6 Rippenbogen; 7 Dornfortsätze der letzten Brustwirbel; 8 Dornfortsätze der Lendenwirbel; 9 Querfortsätze der Lendenwirbel; 10 Kreuzbein; 11 Schwanzwirbel; 12 Hüftbein; 13 Oberschenkelbein; 14 Schulterblatt; 15 Oberarmknochen

a oberes Längsband, verläuft über den Wirbelkörpern; b unteres Längsband, zieht unter den Wirbelkörpern ab Brustmitte nach hinten; c–e Nackenrückenband: c Nackenstrang, d Nackenplatte, e Rückenband; f subkutaner Schleimbeutel am Widerrist; g Schleimbeutel zwischen Nackenstrang und Dornfortsätzen; h Riemenmuskel, vom Hinterhaupt und Hals zum Widerrist; i langer Rückenmuskel (Entrecôte), hinten verbunden mit j, dem mittleren Kruppenmuskel; k innerer Lendenmuskel (Filet); l gerader Bauchmuskel; m langer Halsmuskel; n–o Sägemuskel: n sein Halsteil, o sein Brustteil.

geht dort in das Rückenband über. Bei der Beizäumung des Pferdes oder beim Absenken des Kopfes spannt sich das Nackenband und damit auch das Rückenband, und es kommt zu einer festen und dennoch leicht elastischen Stabilisierung der Wirbelsäule. Der *Riemenmuskel* in der oberen Halshälfte, der vom Kopf zum Widerrist zieht und die Widerristdornfortsätze leicht nach vorn bringt, ist für die Aufrichtung des Pferdes verantwortlich. Er unterstützt das Nackenband aktiv und spannt beim Aufrichten der Dornfortsätze auch das Rückenband.

Als *wichtigste Muskeln am Rücken* sind folgende zu nennen:
- der lange Rückenmuskel als oberer Tragegurt,
- der innere Lendenmuskel als innere Stabilisierung und
- der gerade Bauchmuskel als unterer Tragegurt, der am Becken ansetzt und das Becken in seiner Stellung hält.

Eine weitere Tragvorrichtung ist der *große Sägemuskel*, der vom Hals und von den Rippen kommend oben zum Schulterblatt führt. Dieser Muskel ist zusammen mit dem Brustmuskel für die Aufhängung des Rumpfes zwischen den beiden Vordergliedmaßen zuständig. Der kräftige Sägemuskel ist neben anderen Muskeln sehr wesentlich an der Vorwärtsbewegung der Schultergliedmaßen beteiligt.
Für den Rumpf gilt, ähnlich wie für die Gliedmaßen, daß auch hier die aktiven Tragelemente, also die Muskulatur, langsam und kontinuierlich trainiert werden müssen, damit die Knochen, Gelenke und Bänder geschont werden.

Der Huf
Der Huf ist beim Pferd besonders hohen Belastungen ausgesetzt. Hier treten oft Erkrankungen wie beispielsweise die Hufrehe auf, die auch zu Notfallsituationen führen können.
Der Huf des Pferdes besteht aus *zentralen Stützteilen* und dem sie umschließenden, *stark verhornten Hautüberzug*. Zu erste-

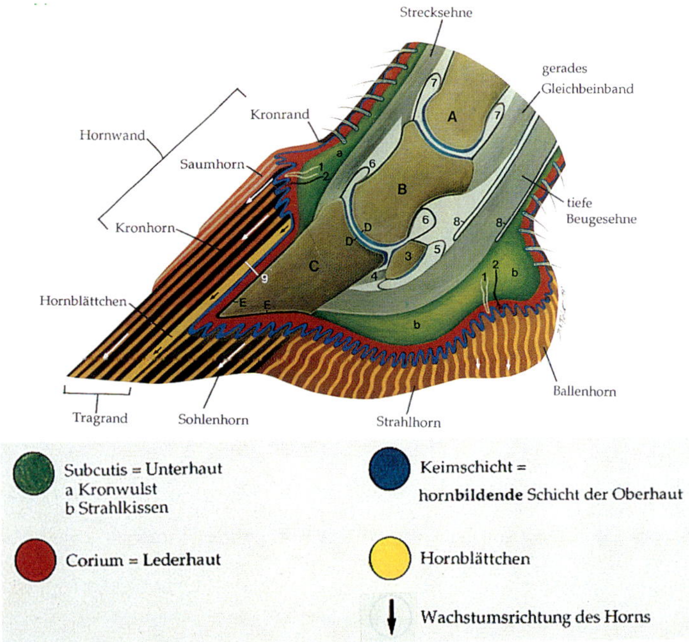

Längsschnitt des Pferdehufes
A Fesselbein; B Kronbein; C Hufbein; D Gelenkknorpel; E Knochenhaut
1 Blutgefäße; 2 Nerven; 3 Strahlbein; 4 Strahlbein-Hufbeinband; 5 Hufrollenschleimbeutel; 6 Hufgelenk; 7 Krongelenk; 8 Fesselbeugesehnenscheide; 9 Querschnitt durch den Blättchenbereich

ren zählt man das Kron-, Huf- und Strahlbein, den Hufknorpel sowie die Sehnen und Bänder. Der Hautüberzug setzt sich wie bei der behaarten Haut aus *Unter-, Leder- und Oberhaut* zusammen. Am Huf sind diese Elemente in ihrer Bauweise jedoch sehr stark modifiziert.

Die *Unterhaut* dient der Polsterung und Stoßdämpfung. Sie ist nur dort vorhanden, wo diese Eigenschaften erwünscht sind: als Kronwulst im Bereich des Kronrandes und als Strahlpolster am Strahl sowie weiter hinten als Ballenpolster. An den Stellen, an

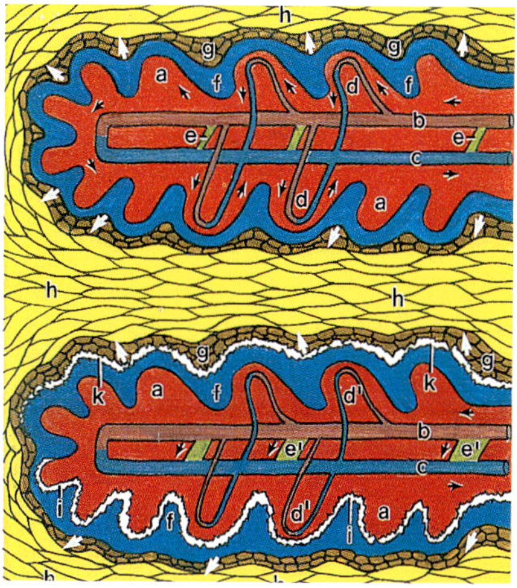

Querschnitt durch den Blättchenbereich in halber Höhe des Hufes, stark vergrössert.

Obere Bildhälfte:
Normalzustand.
Untere Bildhälfte:
Veränderungen bei Hufrehe

a Lederhaut; b Arterie; c Vene; d Kapillaren, gut durchblutet; d' Kapillaren, schlecht durchblutet bei Hufrehe; e arterio-venöse Kurzschlüsse, eng; e' arterio-venöse Kurzschlüsse, weit offen bei Hufrehe; f Keimschicht der Oberhaut

a+f: Lederhaut + Keimschicht der Oberhaut = weiche Blättchen; g kleine Hornzellen, legen sich an die Seite der Hornblättchen in Pfeilrichtung; h Hornblättchen von oben nach unten wachsend; i-k Trennlinien bei Hufrehe: i zwischen Lederhaut und Keimschicht, k zwischen Keimschicht und Hornzellen

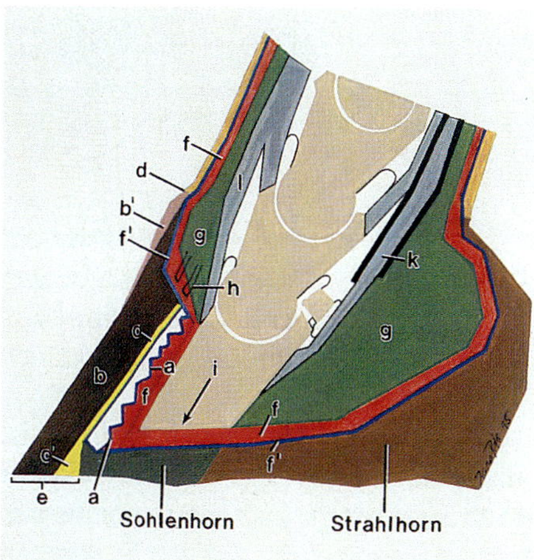

Ablösung des Innenteils des Hufes von der Hornkapsel bei Hufrehe
a Trennungslinie zwischen Innenteil des Hufes und der Hornkapsel; b-e Hornwand: b ihr Kronhorn, b' ihr Saumhorn, c ihre Hornblättchen, c' Hornblättchen am Tragrand, d Kronrand, e Tragrand; f Lederhaut, f' Keimschicht der Oberhaut; g Unterhaut; h Gefäße für Kronwulst und Blättchenbereich; i Hufbein und Druckrichtung (Pfeil); k tiefe Beugesehne; l Strecksehne

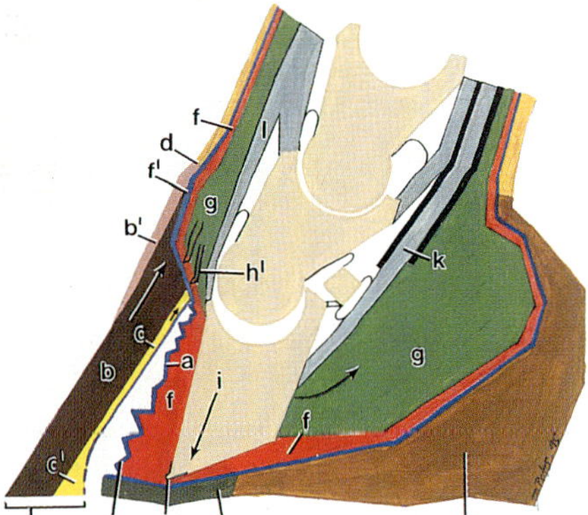

Folgen von schwerer Hufrehe: Der Innenteil des Hufes ist nach unten gesunken. Durch Zug der tiefen Beugesehne hat sich das Hufbein in Pfeilrichtung gegen hinten gedreht.
Die Hufbeinspitze steht an der Sohle auf und kann unten verlaufende Lederhautgefäße (m) einengen. In schwersten Fällen bricht die Hufbeinspitze durch das Sohlenhorn. Die lose gewordene Hornwand drückt gegen die Lederhaut des Kronwulstes (Pfeil) und beengt die Gefäßenden (h') am Kronwulst.

denen sich die Innenteile des Hufes fest mit den Außenteilen verbinden – also im Bereich der Wand und der Sohle –, fehlt die Unterhaut, und die Knochenhaut geht direkt in die Lederhaut über.

Die blutgefäß- und nervenreiche *Huflederhaut* dient der Ernährung der fest mit ihr verbundenen Oberhautzellen. Außerdem stellt sie die Verbindung zwischen dem Hornschuh und den Innenteilen des Hufes her. Sie läßt sich in sechs verschiedene Abschnitte unterteilen, so daß eine *Saum-, Kron-, Wand-, Sohlen-, Strahl- und Ballenlederhaut* vorhanden ist. Durch die Ausbildung von *Zotten* in der Saum-, Kron-, Sohlen-, Strahl- und Ballenlederhaut und von *Blättchen* in der Wandlederhaut entsteht eine große Verbindungsfläche zur Oberhaut.

Die *Hufoberhaut* hat innen eine Keimschicht, die der Lederhaut anliegt. Darüber befindet sich jeweils die Hornschicht. Entsprechend der Einteilung an der Lederhaut unterscheidet man *Saum-, Kron-, Wand-, Sohlen-, Strahl- und Ballenhorn.* Saum-, Kron- und Wandhorn bilden zusammen die *Hornwand.* Der obere Rand der Hornwand, der die Grenze zur behaarten Haut darstellt, heißt *Kronrand*. In der Nähe des Kronrandes wird ein Großteil des Hufhorns gebildet. Den unteren Rand der Hornwand, der einen hohen Anteil der Belastung trägt, bezeichnet man als *Tragrand*.

Die Keimschicht der Oberhaut besteht aus lebenden, vollsaftigen Zellen. Sie überziehen die Zotten und Blättchen der Lederhaut und sind mit ihr innig verbunden. Durch die Vermehrung der lebenden Oberhautzellen und die anschließende Verhornung wächst das Horn, das sich überwiegend als *Röhrchenhorn* ausbildet. Nur im Wandbereich sind *Hornblättchen* vorhanden. Die wichtigste *Wachstumsrichtung* des Hornes verläuft von oben nach unten. Das Kronhorn wächst pro Monat um etwa acht Millimeter, wobei zwischen einzelnen Pferden und Rassen erhebliche Unterschiede bestehen können. Es dauert etwa ein Jahr und länger, bis sich ein Huf ganz erneuert hat. Die Hornröhrchen stellen eine sehr zug-, druck- und biegefeste Konstruktion dar. Das Röhrchenhorn ist an den verschiedenen Stellen des Hufes sehr unterschiedlich ausgebildet. Am härtesten ist das Kronhorn, das den größten und wichtigsten Teil der Hornwand bildet.

Die *Schwachstellen der Hornwand* sind die oberflächlichen Hornschichten, die direkt den Umwelteinflüssen ausgesetzt sind. Besonders gefährdet ist der Übergang von der Mittel- zur Innenzone des Kronhorns, denn hier kommt es in Tragrandnähe häufig zu Rissen. Oft entsteht schon oben an der Bildungsstelle minderwertiges Horn, das dann vorzeitig zerfällt. Pferde, bei denen dies der Fall ist, sind und bleiben in der Regel Problempferde. Am *Sohlenhorn* ist ein Zerfall der oberflächlichen Hornschichten normal. Kommt es jedoch bei den tieferliegenden Schichten zu solchen Vorgängen, so führt dies zur Druckempfindlichkeit der dünner gewordenen Sohle. Im *Blättchenbereich* ist es wichtig, daß die Hornblättchen fest mit den zwischen ihnen liegenden weichen Lederhautblättchen verbunden sind. Die zentralen Stützteile sind in der Hornkapsel des Hufes aufgehängt.

Bei der *Hufrehe* kann sich diese innige Verbindung lösen. Eine mangelhafte Blutversorgung der Lederhaut oder eine Schädigung der Gefäßwände, zum Beispiel durch gewisse Futterstoffe, scheint bei der Hufrehe eine zentrale Rolle zu spielen. Die untersten Schichten der Oberhaut werden dann nur ungenügend mit Nährstoffen versorgt. Die Zellverbindungen lösen sich, und die zentralen Stützteile verlieren den Kontakt zur Hufkapsel. Ist der gesamte Wandbereich betroffen, so sinkt das Hufbein innerhalb der Hufkapsel. Durch den Zug der tiefen Beugesehne dreht sich die Spitze des Hufbeins nach unten und kann unter Umständen die Sohle perforieren. Die *akute Hufrehe* ist ein Notfall, und man muß sofort einen Tierarzt rufen.
Am *Tragrand* wird der Bereich der Hornblättchen als *weiße Linie* bezeichnet. Die Zwischenräume zwischen den Hornblättchen werden hier anstelle der weichen, schmerzempfindlichen Blättchen von unempfindlichem Röhrchenhorn ausgefüllt. Dieses Horn zerfällt oft vorzeitig, was zum unerwünschten Weich- oder Schmierigwerden der weißen Linie führt. An weichen Stellen der weißen Linie können, ähnlich wie in den Strahlfurchen, leicht Steinchen oder andere Fremdkörper eingetreten werden. Dies kann zu Schmerzen und Lahmheit, bei Erreichen der Lederhaut auch zu Infektionen führen.

3. Das Auge

Das Auge des Pferdes ist grundsätzlich ähnlich aufgebaut wie das Auge anderer Säugetiere. Durch anatomische Besonderheiten ist es jedoch optimal an den ursprünglichen Lebensraum des Pferdes angepaßt. Die Augen liegen seitlich am Kopf und bieten dem Pferd als Fluchttier in der Steppe eine größtmögliche Rundumsicht. Die Pupille verengt sich in der Sonne zu einem waagrechten Schlitz und nicht wie beim Menschen zu einem kleinen runden Loch. Dadurch erweitert sich das Gesichtsfeld des Pferdes auf beinahe 360°. Dies ermöglicht es

Das Gesichtsfeld des Pferdes

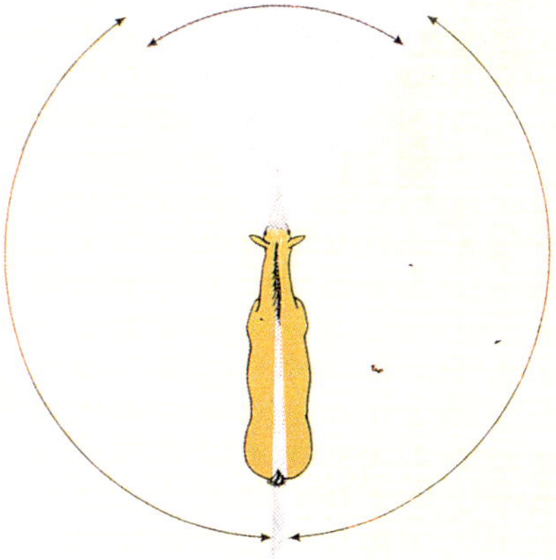

ihm, auch Gefahren hinter sich zu sehen. Der Mensch beispielsweise erreicht dagegen nur ein Gesichtsfeld von circa 180°. Das räumliche, dreidimensionale Sehen, das in der Zone entsteht, in der sich die Gesichtsfelder der beiden Augen überschneiden, ist dagegen beim Pferd nur wenig entwickelt und spielt eine untergeordnete Rolle. Dafür können Pferde selbst kleinste, weitentfernte Bewegungen in der Peripherie des Gesichtsfeldes entdecken. Auch dies bietet ihnen einen guten Schutz gegen Angriffe. Durch eine besondere lichtreflektierende Struktur in der Aderhaut, die dem Menschen fehlt, können Pferde – ähnlich wie Katzen und Hunde – in der Dämmerung deutlich besser sehen als wir.

Das Farbensehen scheint deutlich weniger differenziert zu sein als beim Menschen. Man nimmt bis

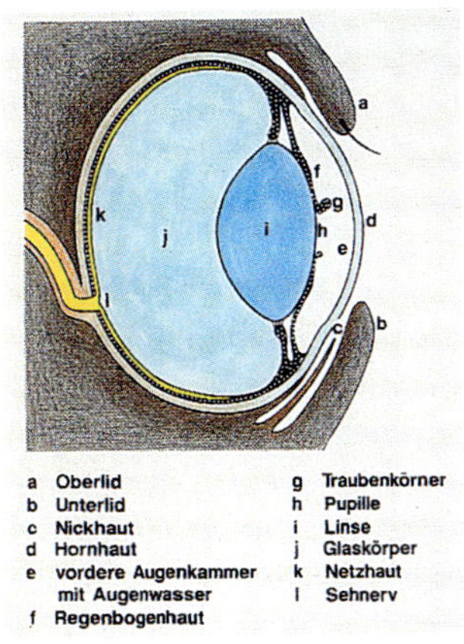

Die wichtigsten Bezeichnungen am Pferdeauge

heute an, daß das Pferd besonders die Farben grün, gelb und blau recht gut erkennen kann. Pferde sind generell etwas weitsichtig und haben Probleme, kleine, nahegelegene Gegenstände zu erkennen. Dies zwingt uns zu erhöhter Vorsicht, zum Beispiel bei kleinen vorstehenden Nägeln in der Box.
Der *Augapfel* liegt tief eingebettet in der knöchernen *Augenhöhle* und ist so gut geschützt. Zusätzlichen Schutz erhält das Auge durch das *Ober-* und das *Unterlid*, durch die *Wimpern* und *Tasthaare* sowie das im inneren Augenwinkel gelegene *dritte Augenlid*, die sogenannte Nickhaut.
Am inneren Augenwinkel befinden sich im Ober- und Unterlid kleine Öffnungen, welche in den Tranenkanal münden, der in der Nüster des Pferdes gut sichtbar endet. Der Augapfel wird von verschiedenen Muskeln bewegt, die von außen nicht sichtbar sind. Die Innenseite der Lider und der Augapfel werden von der Bindehaut überzogen. Der vordere Teil des Augapfels ist glänzend klar, feucht und durchsichtig und läßt das Licht ins Augeninnere treten: Das ist die sogenannte *Hornhaut (Cornea)*. Hinter der Hornhaut liegt ein mit Flüssigkeit gefüllter Raum *(vordere Augenkammer)*, welcher die Hornhaut von der *Regenbogenhaut (Iris)* trennt. Die Iris ist bei den meisten Pferden braun bis dunkelbraun und umschließt in der Mitte eine Öffnung, die *Pupille*. Die Pupille ist im Dunkeln ganz groß und zieht sich zusammen, je heller es wird. So wird eine Überbelichtung der *Netzhaut (Retina)* vermieden. Am oberen Rand der Pupille sind einige braune Gebilde sichtbar, die sogenannten *Traubenkörner (Corpora nigra)*. Hinter der Iris liegt die *Linse*, welche für die Scharfeinstellung der Bilder auf der Netzhaut zuständig ist und die von Nahsicht auf Fernsicht umstellen kann. Hinter der Linse befindet sich ein großer, mit einer durchsichtigen, gallertigen Masse gefüllter Raum, der sogenannte *Glaskörper*. Erst ganz hinten im Auge liegt der wichtigste Teil, nämlich die *Netzhaut*. Sie kann mit ihren zahlreichen Sinneszellen Bilder aufnehmen und diese als Nervensignale via Sehnerv ins Gehirn senden, wo der eigentliche Sehvorgang stattfindet.

Die gesunden Augen erkennt man daran, daß das Pferd einen aufmerksamen Blick zeigt und die Augen offen hält. Die Augenumgebung muß trocken und sauber sein, die Hornhaut glänzend und klar, die Regenbogenhaut gut erkennbar und die Pupille entsprechend der Beleuchtung offen und in beiden Augen gleich groß. Übermäßiger wäßriger Ausfluß ist ebenso wie schleimiger oder eitriger Ausfluß immer ein Anzeichen einer Erkrankung im Bereich des Auges. Alle Trübungen und Verfärbungen (grau-milchig, rötlich und so weiter), Zukneifen des Auges oder eine einseitig enge Pupille sind Alarmzeichen, die ernst genommen werden müssen! Es handelt sich bei solchen Erscheinungen immer um ein ernsthaftes Augenleiden, und es muß unverzüglich ein Tierarzt benachrichtigt werden.

II. BEURTEILUNG DES ALLGEMEINZUSTANDES

Um einem verletzten Pferd wirkungsvoll helfen zu können, sollte man sich zuerst ein grobes Bild über den Allgemeinzustand des Tieres machen. Dies gilt für den Laien ebenso wie für den Tierarzt. Im folgenden werden kurz die wichtigsten Verhaltensweisen und Kenntnisse dargestellt, über die jeder Reiter, Fahrer und Pferdehalter Bescheid wissen sollte.

1. Beurteilung des Pferdes aus der Distanz

Die folgenden Aspekte können dem Betrachter helfen, einen ersten Eindruck von einem Pferd zu gewinnen. Achten Sie auf:

- Körperhaltung, Stellung und Belastung der Gliedmaßen
- Verhalten (ruhig oder nervös, Verhalten gegenüber dem Nachbarpferd, Ausdruck der Augen, Ohrenspiel und so weiter)

- Haarkleid
- Ernährungszustand
- Unmittelbare Umgebung des Pferdes (Zustand der Box, der Einstreu und der Wände)

2. Das Annähern an das Pferd

- Sprechen Sie das Pferd mit dem Namen an.
- Berühren Sie es durch Streicheln oder Klopfen am Hals.
- Beurteilen Sie die Körperoberflächentemperatur an verschiedenen Körperstellen.

3. Messung und Beurteilung des Kreislaufapparates

- **Pulsfühlen**

Der Puls wird an der Gesichtsarterie am Unterkiefer gefühlt und gezählt. Durch Abhorchen des Herzens hinter dem linken Ellbogen mit dem Ohr oder indirekt mit einem Hörgerät (Phonendo-, Stethoskop) kann die Zahl der Herzschläge und damit auch die Zahl der Pulsschläge erfaßt werden. 30 bis 40 Schläge pro Minute sind bei einem erwachsenen Pferd normal.

- **Beurteilung der Schleimhäute der Augen, der Nase und des Mauls**

Mit Druck auf das obere und untere Augenlid verschiebt sich der Augapfel nach hinten, wodurch das dritte Augenlid (Nickhaut) vorfällt.

Durch Anheben des Nasenflügels wird die teilweise unpigmentierte Nasenschleimhaut sichtbar. Die Maulschleimhaut kann durch das Hochheben der Oberlippe beurteilt werden.

Farbe

Die normale Farbe der Augenschleimhaut ist rosa, die der Nasenschleimhaut dunkelrosa und die der Mundschleimhaut blaßrosa.

Pulsfühlen
an der Unterkieferarterie

Kapilläre Füllungszeit

Darunter versteht man die Zeit, in der sich eine durch Zeigfingerdruck erzeugte blutleere Maulschleimhautregion wieder mit Blut füllt. Ein bis zwei Sekunden sind normal.

Beurteilung
der Augenschleimhaut

- **Beurteilung der Durchgängigkeit, der Elastizität und der Auffüllzeit beider Halsvenen**

Dadurch können Venenwandverdickungen bis hin zu Venenverstopfungen erkannt werden. Mit den Daumen wird die Halsvene am Übergang vom oberen zum mittleren Drittel durch kräftiges Zudrücken gestaut. Bei normalen Verhältnissen muß die Vene sofort hervortreten und beim Loslassen sogleich wieder verschwinden. Es müssen immer beide Halsvenen untersucht werden.

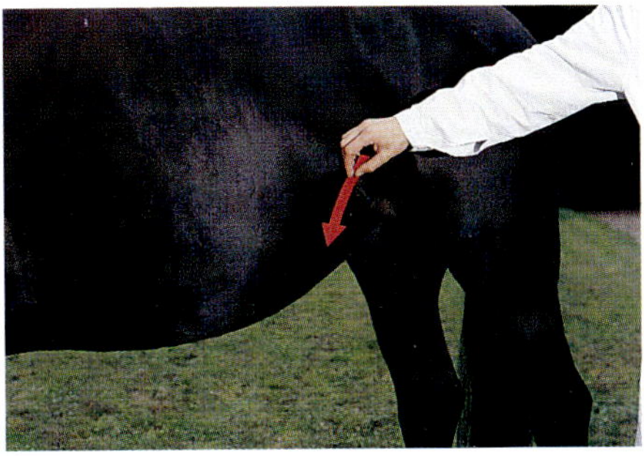

Bestimmung
der Atemfrequenz
an der Flanke

- **Bestimmung der Hautelastizität am Hals**

Die mit Daumen und Zeigfinger hervorgezogene Hautfalte muß sich sofort wieder glätten. Dadurch kann der Flüssigkeitshaushalt des Körpers beurteilt werden, der beispielsweise bei Kolik und Blutverlust ein wichtiges Kriterium ist.

4. Messung und Beurteilung des Atmungsapparates

Die Bestimmung der Atemfrequenz erfolgt durch Zählen der Einatmungsbewegung an der Flanke oder durch Abhören mit einem Hörgerät. Normal sind beim erwachsenen Pferd acht bis 16 gleichmäßig tiefe und regelmäßige Atemzüge pro Minute. Um die Atembewegungen am besten beurteilen zu können, stellt man

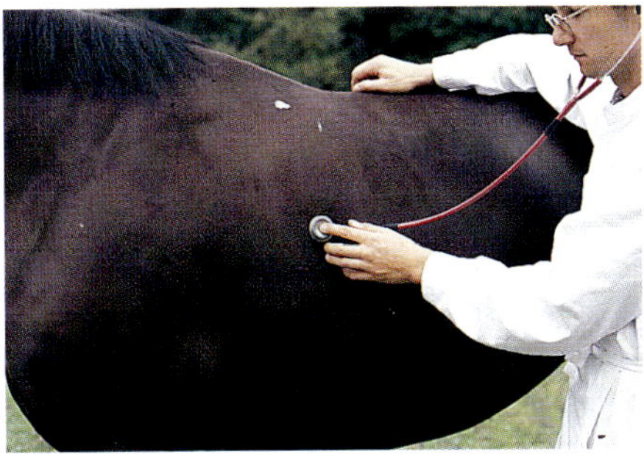

Bestimmung
der Atemfrequenz mit
dem «Hörgerät»

sich in einem Winkel von 45° seitlich neben das Pferd und beobachtet die Bewegungen des Brustkorbes im Bereich der Flanken. Die Atemgeräusche und damit die Frequenz der Atemzüge kann seitlich in der Mitte der Lungenfläche, also auf der Höhe des Schultergelenkes im Bereich der zehnten Rippe, mit einem Hörgerät abgehört werden. Dieses preßt man kräftig zwischen zwei Rippen an die Brustwand, da sonst leicht Reibegeräusche mit den Haaren das relativ schwache Atemgeräusch überdecken. Neben der Frequenz achtet man auch auf Tiefe und Regelmäßigkeit der Atmung.

5. Messung und Beurteilung der Körpertemperatur

Neben dem eingangs angegebenen Befühlen der Oberflächentemperatur an verschiedenen Körperstellen ist das Messen mit dem Thermometer im After des Pferdes die weitaus gebräuchlichste und sicherste Methode, die Körperinnentemperatur zu ermitteln. Dazu kann ein gewöhnliches Glas-/Quecksilberthermometer verwendet werden, wie man es auch beim Menschen einsetzt. Man ermittelt die Temperatur, indem man das Thermometer in den After einführt und es drei bis fünf Minuten lang dort beläßt. Modernere digitale Thermometer haben den Vorteil, daß sie die Temperatur rascher anzeigen. Dem Nachteil des möglichen Zerbrechens der Glasthermometer steht die kurze Lebensdauer der batteriebetriebenen Digitalthermometer gegenüber.

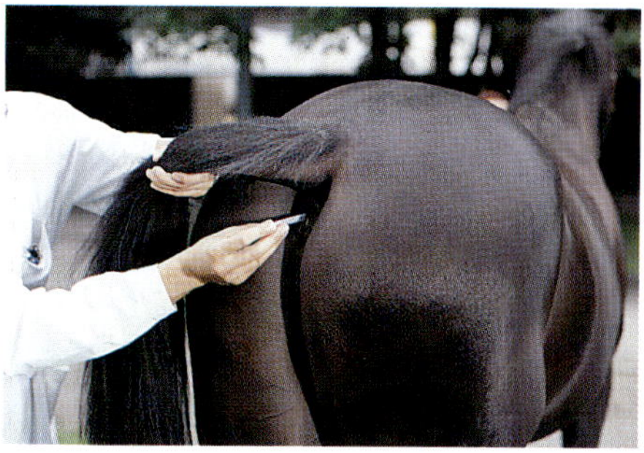

Beim Einführen des Thermometers sind folgende Vorsichtsmaßnahmen zu beachten: Man stellt sich möglichst nahe neben

das Pferd, fährt mit dem Arm über den Rücken in Richtung Schweif und hebt diesen vorsichtig an. Das Thermometer soll leicht befeuchtet und dann vorsichtig in den After eingeschoben werden. Das Anbringen einer kleinen Schnur und einer Wäscheklammer, die am Schweif befestigt wird, verhindert das Herunterfallen oder Hineingleiten des Thermometers.
Die *Normaltemperatur* beträgt beim erwachsenen Pferd 37,5° bis 38°, beim Fohlen liegt sie bei 38,5° bis 39°.

6. Beurteilung des Verdauungsapparates

Die Untersuchung des Verdauungsapparates beginnt mit der Inspektion der Maulhöhle auf Verletzungen und Fremdkörper hin. Die Durchgängigkeit des Darms kann vom Laien nur anhand des Kotabsatzes festgestellt werden. Kotet ein Pferd, so bedeutet dies aber noch lange nicht, daß der Darm in seiner Gesamtheit durchgängig ist.
Anhand der Darmgeräusche in der Bauchhöhle kann man das Funktionieren des Verdauungsapparates überprüfen. Wenn im Bereich der Hungergruben und der linken Flanke keine Geräusche auftreten, ist dies ein Anzeichen dafür, daß die darunterliegenden Darmabschnitte nicht arbeiten. Das bedeutet, daß die Funktion des Verdauungsapparates gestört ist.
Jeder dieser Darmabschnitte produziert typische Geräusche. In der linken Hungergrube hört man das stetige, leise Rumoren der Dünndärme. Im Bereich der linken Flanke ist das Geräusch der linken Dickdarmabschnitte wahrnehmbar, das durch unregelmäßige höhere und tiefere Töne gekennzeichnet ist. In der rechten Hungergrube hört man das Blinddarmgeräusch, das sich durch ein helles und pfeifendes sogenanntes Einspritzgeräusch auszeichnet. Die Frequenz dieses Geräusches hängt stark von der Zeitspanne seit der letzten Futteraufnahme ab. Daneben erfolgt aber ein- bis zweimal pro Minute ein dumpfes, grollendes Geräusch, das an eine Gewitterentladung erinnert.

7. Beurteilung des Bewegungsapparates

Der Bewegungsapparat wird anhand des Zustandes der Muskulatur und der Bewegungen im Schritt und im Trab an der Hand beurteilt. Letztere dürfen jedoch beim Vorliegen einer schweren Lahmheit nicht ausgeführt werden, bis eindeutig abgeklärt wurde, daß die Ursache nicht in eingedrungenen Fremdkörpern, z.B. Nägeln, oder schwer feststellbaren Knochenrissen und dergleichen liegt.

Die Beurteilung der Muskulatur erfolgt durch das feine Betasten des betroffenen Muskelgebietes mit der Hand. Dabei soll die Muskulatur auf Druck unempfindlich reagieren und von elastischer Konsistenz sein.

Anschließend wird das mit einer Trense aufgezäumte Pferd im Schritt und im Trab vorgeführt, und zwar auf einer ebenen Unterlage, die erst hart und dann weich sein sollte.

Sehr wichtig sind noch kleine Volten oder Zirkel (etwa sechs Meter Durchmesser) auf beiden Händen, wobei der Vorführende das Pferd immer auf der inneren Seite knapp hinter dessen Augen führt. Bei Bedarf kann das Pferd auch noch longiert werden, wobei aber enge Kreise auf harter Unterlage eine bedeutende Unfallgefahr durch Ausrutschen darstellen können.

III. EINIGE BEGRIFFE AUS DER ALLGEMEINEN KRANKHEITSLEHRE

In diesem Abschnitt sollen einige wenige wichtige Begriffe im Zusammenhang mit Erkrankungen erklärt werden.

Symptome:

Unter Symptomen verstehen wir Krankheitsanzeichen; sie stellen Abweichungen vom Normalzustand dar und können sehr allgemein sein wie etwa Fieber oder Freßunlust. Auf der anderen Seite gibt es sehr spezifische Symptome wie zum Beispiel einseitiger Nasenausfluß oder eine verdickte Sehne.

Entzündung:

Unter einer Entzündung versteht man eine bestimmte Reaktion des Organismus auf eine Gewebebeschädigung als Folge einer Gewalteinwirkung (Trauma) oder eines Reizes. Diese Reaktionen führen in der Regel zu folgenden fünf charakteristischen Veränderungen, die je nach Ursache oder Lokalisation unterschiedlich stark ausge-

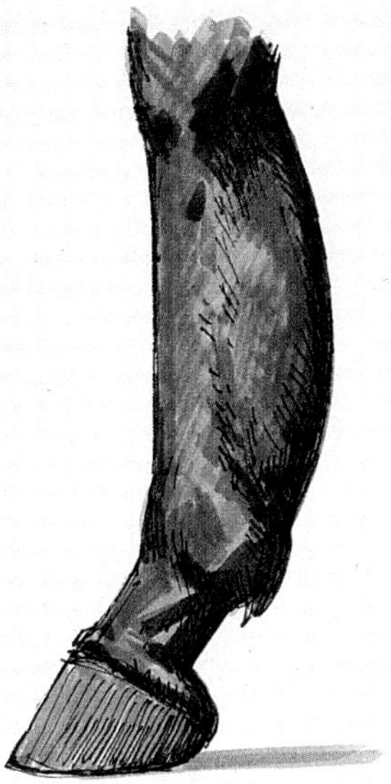

Zeichnung einer Entzündung der oberflächlichen Beugesehne, des sogenannten «Bogens»

Zeichnung einer eitrigen Infektion (Abszeß) im Bereich der Hufbeinspitze

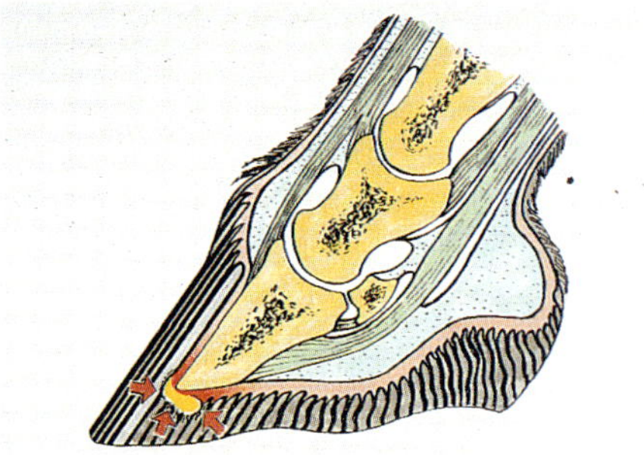

prägt sind: Wärme, Schwellung, Schmerz, Rötung und eine gestörte Funktion.
Bei den Traumen kann es sich um Verletzungen, Verbrennungen, Vergiftungen oder auch um Infektionen handeln.
Die Entzündung ist eine wünschenswerte Reaktion des Körpers und stellt in der Regel den ersten Schritt zur Heilung einer geschädigten Struktur dar. Sie kann aber auch über ein bestimmtes Maß hinausgehen und dann zu Gewebezerstörungen führen, wie dies zum Beispiel bei langanhaltendem, hohem Fieber der Fall ist.

Infektion:

Unter einer Infektion verstehen wird das Eindringen und Vermehren von krankmachenden Mikroorganismen in einen Makroorganismus.

Mikroorganismen

Dies sind mikroskopisch kleine, meist einzellige Gebilde. Die für uns wichtigsten Mikroorganismen sind Bakterien, Viren, Pilze und Protozoen. Nachfolgend sollen einige Beispiele für die verschiedenen Mikroorganismen aufgezählt werden. In Klammern stehen die jeweils von ihnen ausgelösten Krankheiten:

- Bakterien: Salmonellen (Durchfall), Streptokokken (Druse, Einschuß), Tetanus (Wundstarrkrampf)
- Viren: Influenzaviren (Grippe), Herpesviren (seuchenhaftes Verwerfen, Husten)
- Protozoen: Babesien (Piroplasmosen)
- Pilze: Trichophyten (Flechten, Hautkrankheiten)

Makroorganismen

Sie sind immer mehrzellige Wesen wie die Menschen, die Tiere und auch die Pflanzen.

Eiter

Eiter besteht aus Bakterien und weißen Blutzellen (dies sind Abwehrzellen).

IV. UNTERSUCHUNG UND ERSTE-HILFE-MASSNAHMEN BEI ÄUSSEREN VERLETZUNGEN

Jede Tierart zeigt, je nach Körperbau und Körperfunktionen, angeborene und erlernte Verhaltensweisen. Abhängig von der Haltung und der Verwendung des Tieres gibt es auch typische Krankheiten und häufig vorkommende Verletzungen.
Beim Pferd kann es bei Unfällen im Sport und im Straßenverkehr – nicht zuletzt auch infolge der großen Körpermasse – oft zu lebensbedrohlichen Verletzungen kommen. In diesen Fällen sind die Möglichkeiten von Erste-Hilfe-Maßnahmen durch Laien beschränkt. Daneben gibt es jedoch viele Verletzungen und auch Erkrankungen, bei denen die Erste Hilfe durch den Reiter, Fahrer oder Besitzer des Pferdes eine wichtige Rolle spielt. Korrekt durchgeführte Sofortmaßnahmen können die tierärzt-

liche Behandlung und den Verlauf der Heilung äußerst günstig beeinflussen – ebenso wie verschleppte oder falsche Erste-Hilfe-Leistungen die Heilung verzögern oder sogar unmöglich machen können.
Jede Verletzung weist ihre Besonderheiten auf. Daher bestehen auch keine Pauschalrezepte, nach denen bestimmte Verletzungen generell behandelt werden müssen. Trotzdem gibt es allgemeine Richtlinien zur Wundbehandlung, die wir dem Leser hier vermitteln möchten. In einem weiteren Abschnitt gehen wir dann auf die Besonderheiten der Wunden im Bereich des Kopfes, des Rumpfes und der Gliedmaßen ein.
Auf keinen Fall darf aber die Meinung aufkommen, man könne durch Berücksichtigung der hier dargestellten Maßnahmen auf die tierärztliche Behandlung verzichten. In den meisten Fällen ist nämlich das Hinzuziehen eines Tierarztes unbedingt erforderlich, damit die Wunden fachmännisch beurteilt und auch behandelt werden.

1. Allgemeine Bemerkungen zu Verletzungen beim Pferd

Eine Verletzung ist eine Zerstörung von Gewebe, die meistens durch eine äußere Gewalteinwirkung, ein sogenanntes *Trauma*, entstanden ist. Man unterscheidet hierbei das stumpfe und das scharfe Trauma. Bei den stumpfen Traumen ist in der Regel die Haut nicht verletzt. Ein Beispiel hierfür ist der Hufschlag eines unbeschlagenen Pferdes, der zu ausgedehnten Blutergüssen führen kann, ohne daß die Haut verletzt ist. Auch die häufig vorkommenden Sehnen- und Bänderzerrungen können als stumpfe Traumen bezeichnet werden. Bei den scharfen Traumen ist die Haut mitverletzt, und je nach Ursache kann es dabei zu Schnitt-, Riß-, Quetsch- und Stichwunden kommen.
Die Beurteilung einer Verletzung erfordert sehr viel Wissen und auch Erfahrung. Sie muß daher im allgemeinen dem Tierarzt überlassen werden. Zu oft werden Verletzungen vom Lai-

en als umproblematisch und ungefährlich beurteilt und können in der Folge zu Katastrophen führen. Ein typisches Beispiel ist der Gabelstich, der sehr ungefährlich aussieht und daher leicht unterschätzt wird. Die Aufgabe des Laien besteht nicht in der Behandlung von Krankheiten und Verletzungen der Pferde, sondern in korrekten Erste-Hilfe-Leistungen, die gute Voraussetzungen für die weitere tierärztliche Behandlung schaffen. Als Beispiel soll eine frische Schnittverletzung im Bereich der Gliedmaßen näher beschrieben werden:
Eine korrekt durchgeführte Erste Hilfe ermöglicht es dem Tierarzt auch noch maximal acht bis zwölf Stunden nach dem Trauma, eine Wunde spannungsfrei zu verschließen. Eine richtig vorbehandelte und dann fachmännisch versorgte Wunde wird in der Regel innerhalb von 14 Tagen abheilen. Wird die Wunde aber nicht richtig vorbehandelt, so ist das Wundgebiet schon nach kurzer Zeit angeschwollen und mit Bakterien übersät; die Hautränder sind zurückgezogen und ausgetrocknet. Das Verschließen der Wunde mit Nadel und Faden, Klammern oder Klebern kann höchstens noch unter großer Spannung erfolgen. Die Wunde wird mit größter Wahrscheinlichkeit innerhalb der ersten fünf Tage aufbrechen. Trotz intensiver, offener Wundbehandlung kann es wegen der artspezifischen Tendenz der Pferde zu üppigem Granulationsgewebe, dem sogenannten wilden Fleisch, Wochen bis Monate beanspruchen, bis die Wunde sich geschlossen hat. Nicht selten bilden sich dann noch unansehnliche und im Gelenksbereich bewegungseinschränkende Narben oder sogar sogenannte Wulstnarben (Narbenkeloide). Befinden sich diese im unteren Gliedmaßenbereich, zum Beispiel in der Fesselbeuge, so können sie besonders in der Winterzeit oder bei schmutzigem Terrain eine dauernde Pflege und Behandlung nötig machen.

2. Die Beurteilung einer Verletzung

Vor jeder überstürzten Handlung muß die Wunde sorgfältig beurteilt werden. Dies erfordert einige Erfahrung mit Verletzungen sowie ein ruhiges und überlegtes Vorgehen. Im folgenden sollen einige Punkte erwähnt werden, die bei jeder Verletzung beachtet werden müssen:

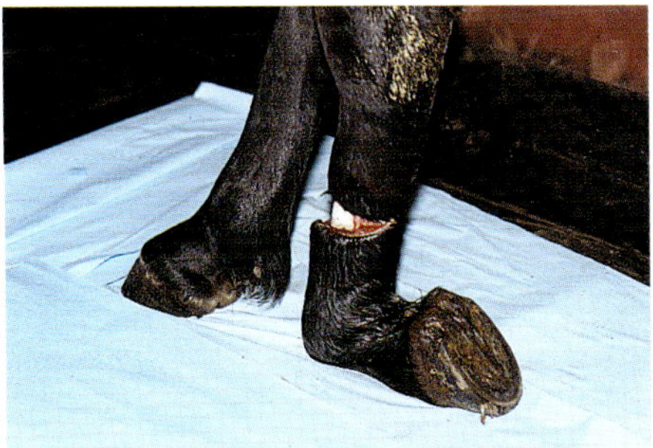

Tiefe Schnittverletzung im Bereich des Röhrbeines; die Haut und die darunterliegenden Sehnen sind durchtrennt worden.

- **Allgemeinzustand des Pferdes**

Bei jeder Verletzung sollte der Allgemeinzustand des Pferdes beurteilt werden, damit zum Beispiel auch zusätzliche innere Verletzungen frühzeitig erkannt werden. Siehe hierzu Kapitel II.

- **Schweregrad der Blutungen**

Die Stärke der Blutung und auch der Blutverlust sollte rasch beurteilt werden, um eine sofortige Blutstillung (siehe Seite 63) vornehmen zu können.

- **Lokalisation der Wunde**

Bei jeder Wunde muß man sich die Frage stellen, ob es in der unmittelbaren Umgebung der Verletzung noch andere infektionsanfällige Strukturen gibt. Verletzungen, die sich in der Nähe von Sehnen, Sehnenscheiden, Gelenken, Schleimbeuteln und in der direkten Umgebung von Knochen befinden, sind deshalb gefährlicher als Verletzungen über Muskelgewebe.

- **Ausdehnung der Wunde**

Die Größe der Wunde kann von außen einfach beurteilt werden. Leider wird manchmal die Ausdehnung der Wunde mit dem Schweregrad der Verletzung gleichgesetzt. Man muß jedoch beachten, daß kleine Verletzungen gefährlicher sein können als große. Als Beispiel sollen die kleinen Stichverletzungen erwähnt werden.

- **Tiefe der Wunde**

Bei jeder Verletzung muß man beurteilen, ob die Haut durchstochen wurde. Solche sogenannten perforierenden Hautverletzungen erfordern eine intensive Behandlung, während die nicht perforierenden Wunden weniger dramatisch und auch in der Behandlung weniger aufwendig sind.
Vor allem Stichverletzungen wie Gabelstiche und Nageltritte sind sehr gefährlich und werden in der Regel unterschätzt. Ihre große Gefahr liegt darin, daß spitze Gegenstände meistens sehr tief eindringen und damit Strukturen wie Gelenke und Sehnenscheiden erfassen und verletzen können. Darüber hinaus sind die Gegenstände, die solche Verletzungen verursachen, fast immer verschmutzt, was unweigerlich zu Infektionen führt. Außerdem ist durch den kleinen Stichkanal kein Abfließen von

Wundsekreten und kein Zutritt von Luft möglich, was das Entstehen einer Infektion begünstigt.

- **Art der verletzten Gewebe**

Es ist wichtig, bei jeder Verletzung zu beurteilen, welche Strukturen beschädigt wurden. Je nach Lokalisation können Muskeln, Sehnen, Knochen, Nerven, Gelenke, Schleimbeutel und Sehnenscheiden beschädigt werden.

- **Verschmutzungsgrad**

Stark verschmutzte Wunden haben ein sehr großes Infektionsrisiko.

3. Allgemeine Grundsätze der Wundbehandlung

Ein allgemeiner Grundsatz der Medizin besagt, daß eine Behandlung vor allem nicht schaden darf. Dies gilt ganz besonders für die Wundbehandlung. Leider muß man jedoch als Tierarzt immer wieder feststellen, daß Wunden falsch vorbehandelt wurden. Dadurch werden Wundinfektionen begünstigt, und die Wundheilung wird deutlich verzögert. Verschiedene nutzlose Salben, Sprays und Puder sowie einige stark reizende und damit besonders schädliche Substanzen aus dem Mittelalter konnten sich bedauerlicherweise bis ins Zeitalter der Computer halten – und diese Mittelchen scheinen sich nach wie vor großer Beliebtheit zu erfreuen.
Jede kompliziertere Wunde sollte so schnell wie möglich dem Tierarzt gezeigt werden, damit eine rasche fachgerechte Wundversorgung stattfinden kann. Je weniger Zeit bis zum Nähen der Wunde verstreicht, desto größer ist die Chance auf eine problemlose Heilung. Im allgemeinen sollte eine Wunde innerhalb von maximal zwölf Stunden genäht werden.

4. Die wichtigsten Punkte der Wundbehandlung

Das Vorgehen:
- Blutstillung (falls nötig)
- Reinigung der Wunde
- Desinfektion der Wunde
- Wundverband
- Schienung (falls nötig)

- Blutstillung

Bei den meisten Verletzungen werden auch Blutgefäße beschädigt, weshalb es praktisch immer zu Blutungen kommt. Die kleinsten Blutgefäße im Gewebe, die sogenannten Kapillaren, führen zu Sickerblutungen; bei den größeren Gefäßen bedingen die Arterien pulsierende und die Venen kontinuierliche Blutungen. Man erkennt die arteriellen Blutungen am hellroten und die venösen Butungen am dunkelroten Blut. In den meisten Fällen liegt jedoch eine Mischblutung aus Arterien und Venen vor.

Die Gesamtblutmenge des Pferdes beträgt circa 8% seines Körpergewichts. Wenn wir von einem Gewicht von 500 Kilogramm ausgehen, sind dies etwa 40 Liter Blut, was vier bis an den Rand gefüllten Tränkeimern entspricht.
Der Verlust von mehr als acht Litern (20%) des Blutvolumens ist für das Pferd gefährlich. Verliert es über 16 Liter (40%), so kann dies zum Tod des Pferdes führen.

Das Blut kann eine Verletzung der Gefäßwand durch einen komplizierten Mechanismus, die *Blutgerinnung*, verschließen.

Die Blutmenge eines gesunden, 500 Kilogramm schweren Pferdes liegt bei etwa 40 Litern.

Bei leichten Blutungen ist somit keine zusätzliche Blutstillung notwendig, weil der Blutverlust bis zum Verschluß der Gefäße klein ist. Bei großen und vor allem bei arteriellen Blutungen ist hingegen eine rasche Blutstillung notwendig, weil sonst in kurzer Zeit ein erheblicher Blutverlust entstehen kann. Bei der Blutstillung geht man folgendermaßen vor:

Einfacher Wundverband

Der einfache Wundverband mit sterilen Wundkompressen genügt in vielen Fällen für die Stillung von oberflächlichen, leicht blutenden Verletzungen.

Druckverband auf die Wunde

Bei einer stärkeren Blutung versucht man zuerst, diese mit einem Druckverband zu stoppen. Zusätzlich zum einfachen Wundverband wird im Bereich der Blutung ein Druckpolster, beispielsweise eine Mullbinde, aufgelegt und mit einer oder

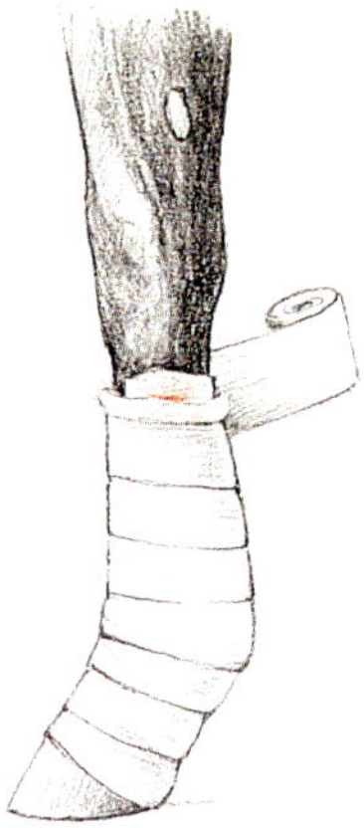

Ein einfacher Wundverband genügt bei leichten Blutungen.

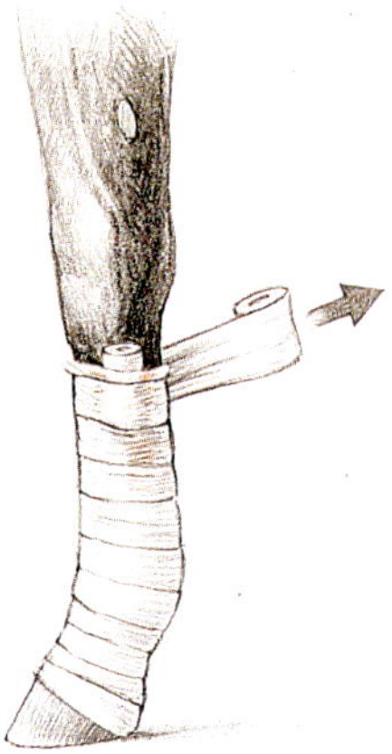

Bei stärkeren Blutungen muß ein Druckverband angelegt werden.

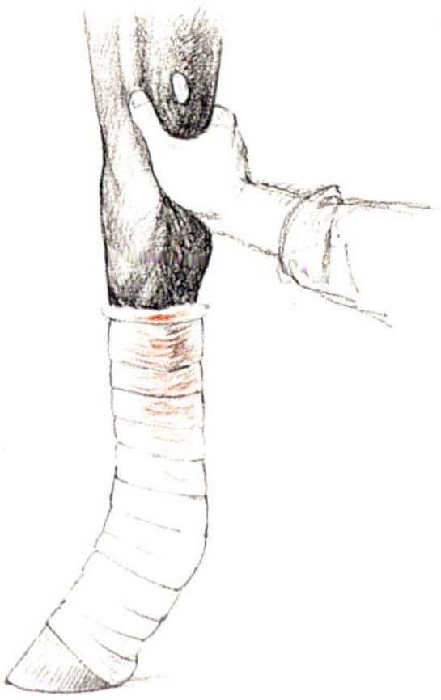

Manuelle Kompression bei stark blutenden Verletzungen

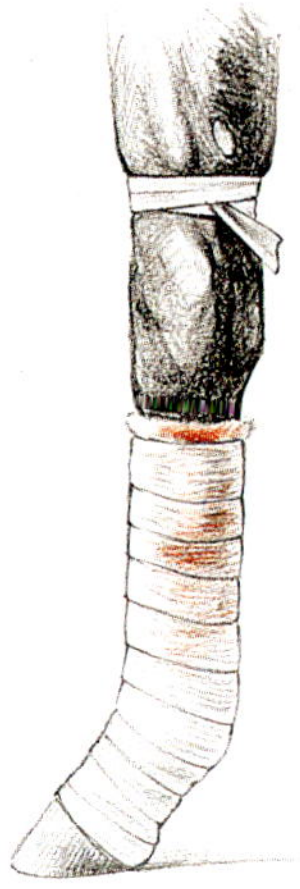

Falls die Blutung auch trotz eines Druckverbandes nicht stoppt, muß das Bein herzwärts der Verletzung abgebunden werden.

mehreren elastischen Binden fixiert. Der Druck im Gewebe steigt damit an, und die Wunde wird nach außen hin zusätzlich abgedichtet. Dadurch können sowohl größere venöse Blutungen als auch kleinere arterielle Blutungen zum Stillstand gebracht werden.
Im Bereich des Kopfes, des Halses und des Rumpfes, wo nur in Ausnahmefällen Verbände angelegt werden können, müssen die stark blutenden Wunden durch direkte *manuelle* Kompression der zuführenden Arterien oder durch Druck direkt auf die Wundfläche gestillt werden.

Kompression zwischen der Wunde und dem Herz
Bei massiven und lebensbedrohlichen Blutungen an den Gliedmaßen, die durch den vorher beschriebenen Druckverband beziehungsweise mittels Fingerkompression nicht gestillt werden können, muß die Gliedmaße abgebunden werden.
Zuerst wird die zuführende Arterie mit den Fingern oder mit der Hand oberhalb der Wunde so lange komprimiert, bis das notwendige Abbindemarterial herbeigebracht werden konnte.
Das Abbinden selbst sollte ungefähr eine Handbreit über der Wunde herzwärts ausgeführt werden und muß mit *elastischem und breitem Abbindematerial* (spezielle Staubinde, Gummigürtel, Fahrradschlauch) ausgeführt werden. Die Staubinde sollte bis zum Eintreffen des Tierarztes am Bein belassen werden, muß aber nach spätestens einer Stunde gelockert und, falls die Blutung wieder beginnt, erneut angezogen werden.

Absolut verboten sind schmale Hilfsmittel wie Seile oder Schnüre, weil sie tief in das Gewebe einschneiden und dadurch Nerven und Gefäße irreversibel schädigen können.
Da das Anlegen einer Staubinde für das Pferd schmerzhaft ist, sollten Sie damit rechnen, daß das Pferd mit Abwehrbewegungen reagiert.

Beispiele
des Abbindens mit
einer Staubinde (oben)
und einem Stauschlauch (unten)

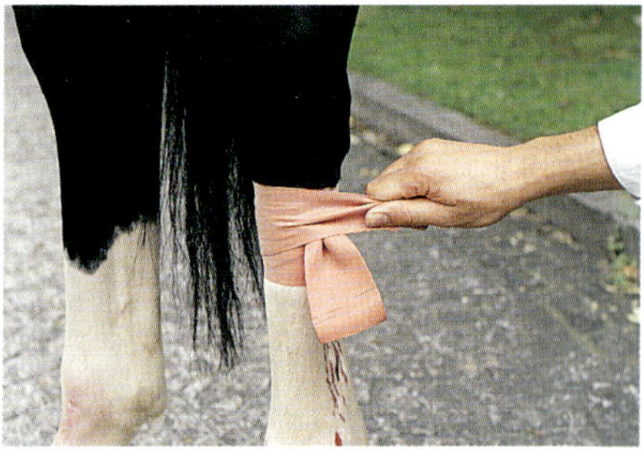

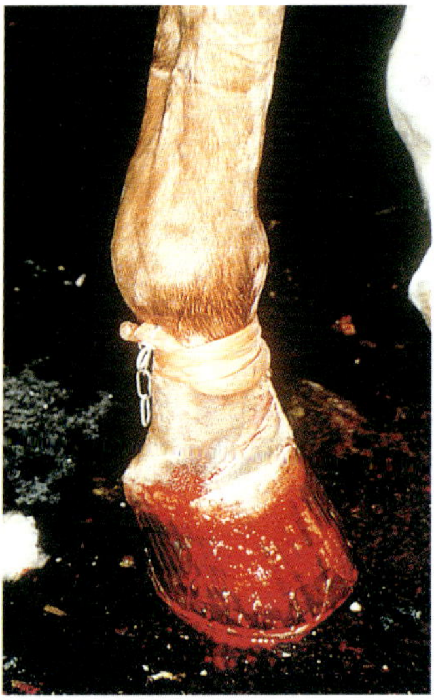

• Reinigung der Wunde

Ausscheren des Wundgebietes
Die Haare um die Wunde müssen möglichst entfernt werden. Zum einen machen sie eine ausreichende Reinigung der Wunde und der Wundumgebung unmöglich. Darüber hinaus stören die Haare die Wundheilung, verkleben mit den Wundsekreten und führen so zu einer Reizung der Haut. Die Haare können mit einer Schermaschine oder mit einer gebogenen Schere entfernt werden.

Mechanische Reinigung des Wundgebietes
Zuerst sollte die Wunde mit sauberen Gazekompressen und sauberem handwarmem Leitungswasser gereinigt werden. Fremdkörper wie Haare, Steinchen und Holzsplitter müssen mit einer Pinzette entfernt werden.

- **Desinfektion der Wunde**

Eine stark verunreinigte Wunde sollte zuerst mit einer milden desinfizierenden Seifenlösung gereinigt werden. Dazu eignen sich seifenhaltige Jodlösungen wie zum Beispiel «Betadine braun» und andere vorzüglich. Anschließend wird die Wunde mit einem milden Desinfektionsmittel vorsichtig betupft, beispielsweise mit einer Jodlösung wie etwa «Betadine grün». Bei großflächiger Anwendung, für Spülungen oder feuchte Verbände muß diese aber verdünnt werden (zwei bis sechs Eßlöffel pro Liter Leitungswasser).

Jodlösungen müssen unbedingt verdünnt werden, damit empfindliche Gewebestrukturen nicht geschädigt werden. Dies gilt ganz besonders, wenn Jodlösungen in der Nähe von Gelenken und Sehnen eingesetzt werden.
Für die Reinigung und Desinfizierung von Wunden sollte man keine reizenden Lösungen verwenden.

- **Wundverband**

Frische Wunden im Bereich der Gliedmaßen sollten nach Möglichkeit immer verbunden werden. Das Aufkleben von Pflastern ist bei Pferden nicht möglich, weil diese auf der stark behaarten Haut nicht ausreichend festkleben. Dazu übt der Verband neben der Wundabdeckung noch weitere Funktionen aus:
Er verhindert eine zusätzliche mechanische Beschädigung der Wunde, schützt sie vor Verunreinigungen mit Fremdkörpern und Bakterien und dient damit der Vorbeugung gegen Infektionen. Außerdem besteht vor allem im Sommer ein erhöhtes Risiko, daß Fliegen ihre Eier in die Wunde ablegen, woraus sich Larven entwickeln und Sommerwunden entstehen kön-

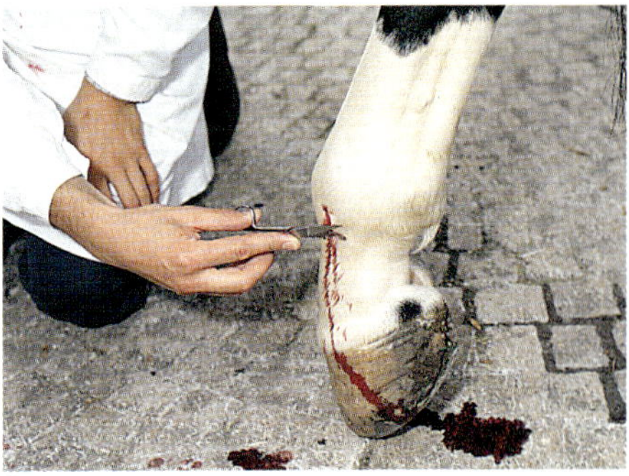

Die Haare um die Wunde werden mit einer Schere weggeschnitten.

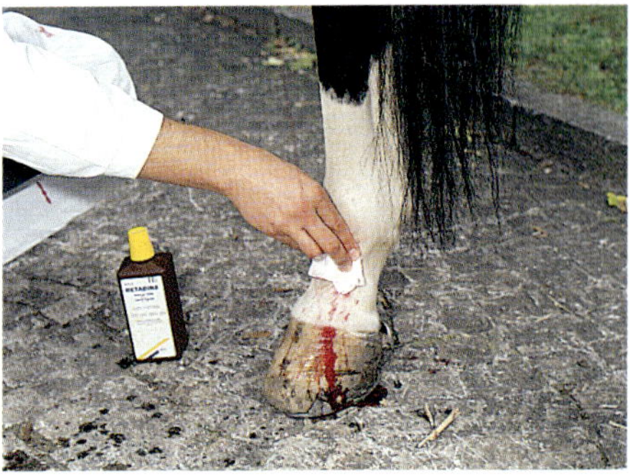

Reinigung der Wunde mit Gazekompressen und einem Desinfektionsmittel

nen. Bei frischen Verletzungen besteht in der Regel auch eine erhöhte Tendenz zum Anschwellen des Beines in der Wundumgebung. Diese Gefahr kann durch einen Verband wesentlich reduziert oder sogar verhindert werden.
Jeder Wundverband besteht aus einer möglichst sauberen Wundabdeckung (Wundkompresse), einer Polsterung (zum Beispiel Watte), eventuell einer Plastikzwischenlage und deren Befestigung (elastische Binden).

Wundabdeckung

Als Wundabdeckung eignen sich Gazetupfer oder Wundkompressen, die mit einem Desinfektionsmittel getränkt oder mit einer speziellen Folie beschichtet sein können, die nicht mit der Wunde verklebt. Je nach Situation können auch besondere Medikamente in Gel-, Salben- oder Pulverform auf die Wunde gebracht werden.

Polsterung

Das Pferdebein ist im allgemeinen sehr druckempfindlich. An mehreren Stellen liegt der Knochen direkt unter der Körperoberfläche und ist nur mit einer dünnen Haut geschützt. Aus diesem Grund können fixierende Binden rasch zu Druckstellen führen. Sie dürfen daher nur über einer guten Polsterung angebracht werden. Als Polstermaterial ist Watte sehr gut geeig-

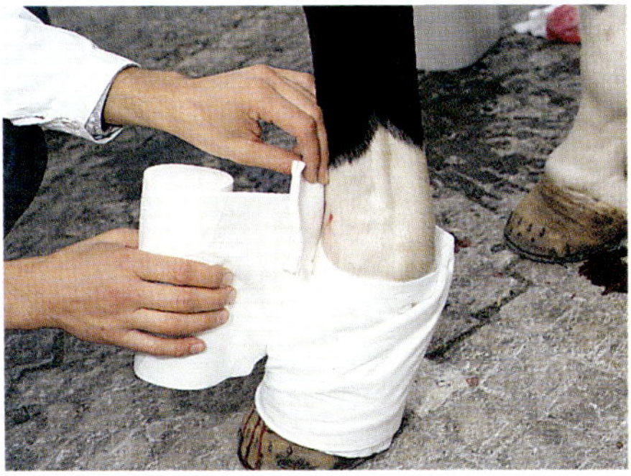

Abdeckung der Wunde mit einer Gazekompresse und Polsterung mit Watte

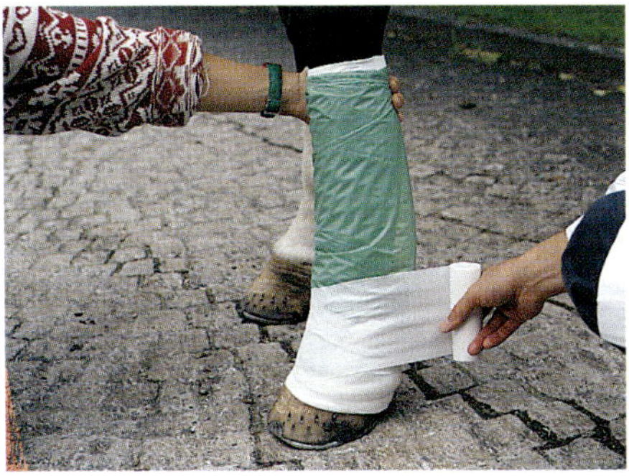

Die grüne Plastikzwischenlage bewirkt eine Wärmeisolation und verhindert die rasche Verdunstung

net. Sie kann auch durch Schaumgummi, Kopfkissen, Bandagekissen und anderes weiches Material ersetzt werden. Vor allem bei Fohlen muß die Polsterung mit größter Sorgfalt erfolgen.

Vorstehende Knochenteile wie Erbsenbeine, Gleichbeine, Sprunggelenkshöcker und die inneren Teile des Sprung- und Vorderfußwurzelgelenkes müssen besonders gut gepolstert werden, weil hier leicht Druckstellen entstehen. Solche Druckstellen haben meistens sehr ernsthafte Konsequenzen und können sogar so weit führen, daß das Pferd deshalb über Monate behandelt oder gar getötet werden muß.

Plastikzwischenlage

Eine Plastikzwischenlage verlangsamt das Verdunsten bei feuchten Verbänden und verlängert damit die feucht-warme Wirkung des Verbandes. Diese sogenannte Prießnitzwirkung manifestiert sich in einer deutlich gesteigerten Blutzirkulation. Damit wird der Heilungsprozeß zusätzlich beschleunigt und die Schwellung reduziert.

Befestigung der Polsterung

Da bei den Pferden die Gliedmaßen dauernd in Bewegung sind, sollten die Polsterungen in diesem Bereich mit elastischen Binden fixiert werden. Eine Ausnahme bilden die ausgesprochenen Ruhebandagen, die zur besseren Wärmeisolation idealerweise aus Wolle bestehen und praktisch nur bis zum Vorderfußwurzel- beziehungsweise Sprunggelenk angelegt werden (siehe auch Seite 124).

• Schienung

Die Schienung bedarf oft einer zusätzlichen Polsterung, die den Zweck hat, eine plane Auflagefläche für das Schienungsmaterial zu schaffen. Als Schienungsmaterial eignen sich stabile Elemente wie Eisenstäbe oder starke Holzlatten. Besonders gut lassen sich hierfür auch halbierte PVC-Rohre verwenden. Diese stabilisierenden Elemente sollen auf dem Verband mit unelastischem Material wie Ledergürteln und Klebebinden fixiert werden, damit die Schienung nicht verrutschen und schlimme Druckschäden verursachen kann.

Improvisierte Schienung mit Besenstielen

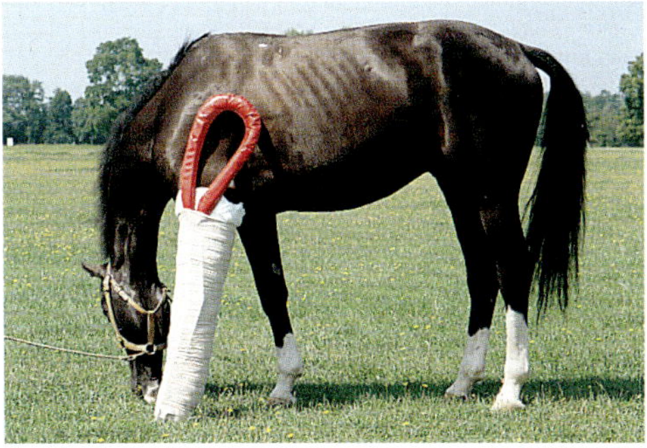

Schienung mit der sogenannten «Kombischiene» nach Bramlage aus gepolsterten, gebogenen Betonarmierungseisen.

5. Allgemeine Bemerkungen zur Wundheilung

Die Wundheilung erfolgt bei den verschiedenen Verletzungen in vergleichbaren Schritten, die im folgenden Abschnitt kurz erklärt werden sollen.

• Die primäre Wundheilung

Unter der primären Wundheilung verstehen wir die Heilung einer Verletzung, die verschlossen wurde. Dabei werden die Geweberänder wieder in direkten Kontakt miteinander gebracht, so daß sie rasch zusammenwachsen können. Die primäre Wundheilung erfolgt dann sehr rasch und praktisch ohne Narbenbildung.

Wann ist eine primäre Wundheilung möglich?
Bei den meisten *Operationen* werden die durchtrennten Gewebe, insbesondere die Haut, wieder vernäht, um eine primäre Wundheilung zu erreichen.
Bei einer *Verletzung* entscheiden verschiedene Kriterien, ob eine primäre Wundheilung möglich ist:

Das Alter der Verletzung
Je frischer eine Verletzung ist, desto größer sind auch die Chancen für eine primäre Wundheilung. Als Faustregel gilt, daß je nach Verletzung maximal zwölf Stunden nach dem Ereignis genäht werden sollte. Das heißt aber nicht unbedingt, daß nach diesen zwölf Stunden eine primäre Wundheilung nicht mehr möglich ist.

Der Verschmutzungsgrad einer Verletzung
Es dürfen nur saubere Verletzungen vernäht werden. Sobald eine Infektion vorliegt, darf eine Wunde nicht vollständig verschlossen werden. Infizierte Wunden müssen mindestens teilweise offen gelassen werden, damit die Wundsekrete abfließen können. In der Regel wird am tiefsten Punkt der Wunde ein sogenannter Drain (zum Beispiel ein Gummischlauch) eingelegt, damit sich die Wunde nicht zu früh verschließen kann.

Haut- beziehungsweise Gewebeverlust bei einer Verletzung
Wenn durch die Verletzung ein großer Defekt entstanden ist,

kann die Wunde oft nur unter größter Spannung genäht werden. Sie bricht dann oft nach einigen Tagen auf, und es kommt zur sogenannten sekundären oder Zweitheilung.

• Die sekundäre Wundheilung

Von der sekundären Wundheilung spricht man, wenn die Wundränder nicht aneinanderstoßen und somit neues Gewebe gebildet werden muß. Diese Art der Wundheilung benötigt mehr Zeit, und es kommt meistens zu einer Narbenbildung. Da die Haut beim Pferd sehr straff gespannt ist, zeigen Hautwunden eine starke Tendenz zum Klaffen.

Wann erfolgt eine sekundäre Wundheilung?

- bei *großflächigen Verletzungen* mit viel Gewebeverlust, die nicht verschlossen werden konnten.
- bei *stark verschmutzten Wunden,* die wegen der Infektionsgefahr nicht verschlossen werden dürfen.
- bei *alten Verletzungen,* die meist stark klaffen.

Die drei Phasen der sekundären Wundheilung

a. Reinigungsphase: Zu Beginn muß die Wunde vom Organismus selber gereinigt werden; dabei werden die zerstörten Zellen abgestoßen und die Bakterien abgetötet, wodurch Eiter entsteht. In dieser Zeit produzieren die Wunden recht viel Wundflüssigkeit, so daß sie unansehnlich erscheinen.

b. Verschlußphase: Nachdem sich die Wunde gereinigt hat, verschließt sie sich.

Der wichtigste und wertvollste Mechanismus ist hierbei das Zusammenziehen der Wundränder, die *Wundkontraktion*, die durch muskelähnliche Zellen ausgelöst wird. Die Kontraktion kann eine Wunde auf bis zu 90% ihrer ursprünglichen Größe verkleinern. Dieser Mechanismus kann im Bereich des Kopfes, des Rumpfes und auch der oberen Abschnitte der Gliedmaßen

in Kraft treten. An den unteren Teilen der Gliedmaßen funktioniert diese Wundkontraktion nicht, weshalb Wunden hier viel langsamer heilen.
Ein weiterer Mechanismus, der zur Verkleinerung der Wunde führt, ist die Bildung von *Granulationsgewebe*. Dieses Gewebe besteht aus vielen kleinen Blutgefäßen und Bindegewebszellen und enthält in der Regel keine Nervenfasern

2

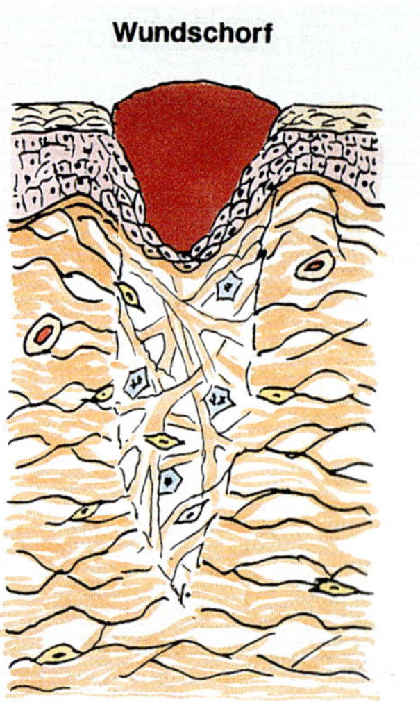

Bildung des Wundschorfes;
Umbau des Granulationszapfens

1

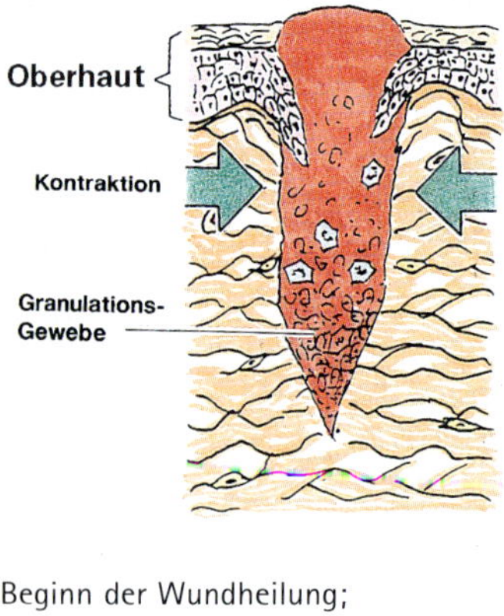

Beginn der Wundheilung;
Bildung eines Granulationszapfens

3

Verschluß der Wunde
durch Deckzellen der Oberhaut.

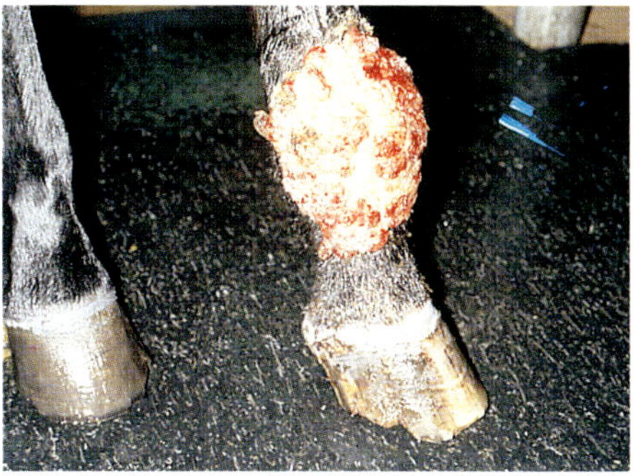

Beispiele von wildem Fleisch im Bereich des Fesselgelenkes (rechts) und in der Fesselbeuge (unten)

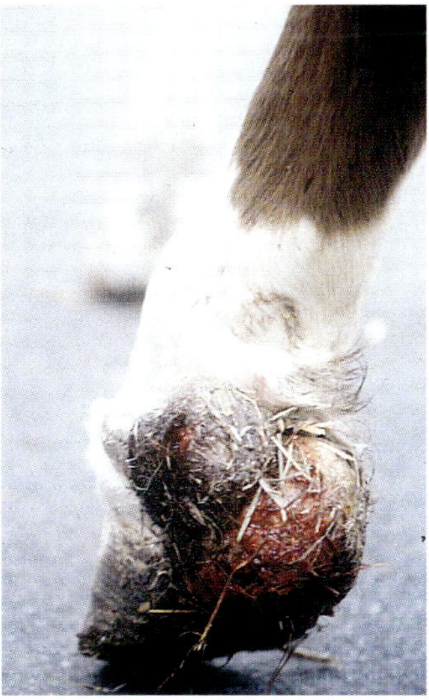

oder andere höher entwickelte Gewebestrukturen. Das Granulationsgewebe wächst sehr rasch und kann große Gewebedefekte in kurzer Zeit auffüllen. Bei übermäßigem Wachstum kann es jedoch das Hautniveau überragen, wodurch die Haut nicht mehr weiter wachsen kann. Dies geschieht vor allem in den unteren Regionen des Pferdebeines, die immer sehr stark bewegt werden, zum Beispiel im Bereich der Gelenke. Die Wunde kann sich dann nicht mehr schließen, und man spricht von *üppigem Granulationsgewebe* oder *wildem Fleisch*. Der Name kommt wahrscheinlich daher, daß das Granulationsgewebe fleischähnlich aussieht und ein ungehemmtes, «wildes» Wachstum zeigt.

Der dritte Mechanismus ist das Wachstum von neuer Oberhaut, was ebenfalls zu einer Verkleinerung der Wunde führt. Solange das Granulationsgewebe das Niveau der Oberhaut nicht überragt, kann der neugebildete Saum von Oberhautzellen dieses langsam in Richtung Zentrum der Wunde überwachsen (sogenannte Epithelisierung). Die Wachstumsrate beträgt allerdings nur wenige Millimeter pro Woche. Wächst der Granulationspilz über das Niveau der Oberhaut, so stoppt er deren Wachstum, und der Tierarzt muß das «wilde Fleisch» immer wieder abschneiden oder abätzen.

c. **Umbauphase:** Nachdem die Wunde verschlossen wurde, muß das Gewebe noch für die Funktionen umgebaut werden, die je nach Körperregion zu erfüllen sind. Das Granulationsgewebe, das in der Verschlußphase gebildet wurde, wird abgebaut und teilweise durch andere Strukturen ersetzt. So können in dieser Zeit auch besondere Gewebestrukuren wie Nervenfasern und zum Teil sogar Muskelfasern entstehen.

V. TYPISCHE UND/ODER HÄUFIG VORKOMMENDE VERLETZUNGEN IN DEN VERSCHIEDENEN KÖRPERREGIONEN

Beim Auflisten der Verletzungen unserer Haustiere können wir unschwer feststellen, daß es für jede Tierart sehr typische Verletzungen gibt, die auch immer wieder auftreten. Dies gilt in hohem Maße auch für das Pferd. Gemäß dem Leitgedanken dieses Buches soll das Schwergewicht auf das Vorbeugen und ganz besonders auf die Erste Hilfe und nicht auf die weiterführende Behandlung gelegt werden, die ja in der Regel durch einen Fachmann, also den Tierarzt, durchgeführt werden soll. Im folgenden wird versucht, diese häufig vorkommenden Verletzungen nach Lokalisation, Ursache, Art des Traumas, Ausdehung und Tiefe der Wunde und der erfaßten Gewebe zusammenfassend abzuhandeln.

1. Verletzungen am Kopf

Darstellung von verschiedenen Kopfverletzungen

• Schürfwunden und Druckverletzungen

Diese entstehen vor allem durch Verwendung von schlecht angepaßtem oder schlecht gepflegtem Lederzeug und reibenden oder drückenden Metallteilen.

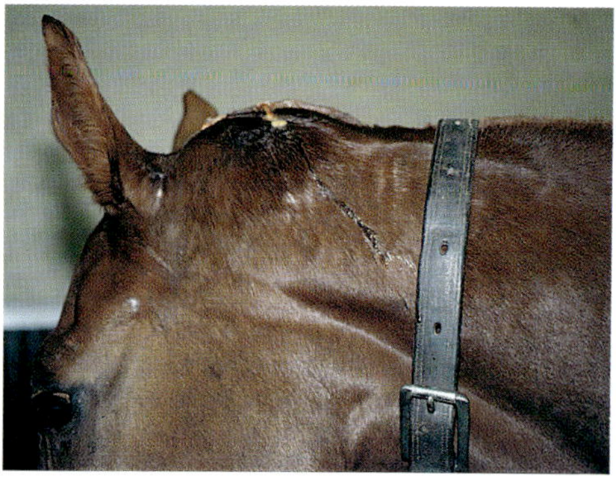

Verletzung und Infektion des Schleimbeutels im Bereich des Genickes

Genickbeule

Sie wird durch das Reiben und Drücken eines nicht passenden Stallhalfters oder eines Genickstückes des Zaumes hervorgerufen. Es kommt zu einer Reizung des unter der Haut liegenden Schleimbeutels, der unter Umständen noch infiziert werden kann, woraus sich eine eitrige, sehr schlecht heilende Schleimbeutelentzündung entwickelt. Sehr gefürchtet ist das Übergreifen der Infektion auf das darunterliegende Nackenband. Hier gilt ganz besonders, daß man die Ursache des Kopfschlagens und des Widerstandes des Pferdes gegen das Aufhalftern und Zäumen erkennen und frühzeitig Abhilfe schaffen muß.

Verletzungen der Maulwinkel

Die Maulwinkel sind recht empfindlich und können daher durch ein falsches, schlecht sitzendes oder defektes Gebiß verletzt werden. In der Mehrzahl der Fälle ist aber eine harte oder unruhige Reiterhand die Ursache für ständiges Kopfschlagen und für Verletzungen der Maulwinkel. Auch Rückenprobleme können zu ständigem Kopfschlagen führen.
Verletzungen an den Maulwinkeln sollten vorerst mit einer Wund- und Heilsalbe, zum Beispiel mit Lebertran- oder Ringelblumensalbe, behandelt werden. Natürlich darf das Pferd in der nächsten Zeit nicht mehr mit Gebiß geritten werden. Statt dessen kann man eine gebißlose Zäumung wie beispielsweise eine Hackamore verwenden. Es ist wichtig, die Ursache abzuklären, wobei großes Augenmerk auf den Sattel, den Rücken und auch auf die Ausbildung des Reiters gelegt werden muß.

• Riß-, Schnitt-, Quetsch- und Stichwunden

Im Stall entstehen diese häufig dadurch, daß die Pferde an hervorstehenden Nägeln, verklemmten Tränkeeimerkarabinern, an Tränkebecken oder Gitterstäben hängenbleiben. Dies kann zu Rißwunden im Bereich der Augenlider, der Nüstern und Maulwinkel sowie zu Unterkieferfrakturen führen. Zu tiefe

Bei Verletzungen im Bereich der Stirn besteht immer auch das Risiko, daß die Stirnhöhle eröffnet wurde.

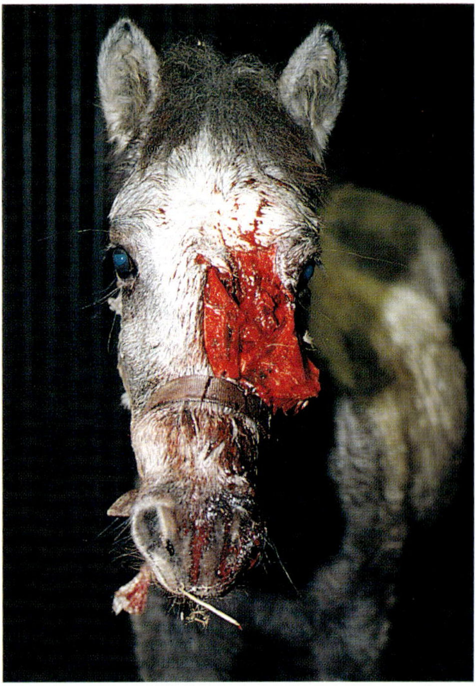

Tür- und Fensterrahmen sind häufig Auslöser für Verletzungen im Bereich des Genicks. Diese Verletzungen werden auch als Kopfschwartenrisse bezeichnet und können auch beim Steigen in kleinen Boxen oder im Transporter entstehen. Auch wenn die Haut selber nicht verletzt ist, kann dabei der Schleimbeutel geschädigt werden, wodurch die oben beschriebene Genickbeule entsteht.

Im Gelände kommt es beispielsweise durch Zusammenstöße mit Fahrzeugen, mit Bäumen und anderen festen Gegeständen zu Kopfverletzungen und Frakturen; dies geschieht vor allem dann, wenn die Pferde aus der Koppel ausbrechen oder wenn Kutschpferde durchbrennen. Dabei kann die dünne Knochenplatte der Stirn- und Nasenhöhle eingedrückt werden, wodurch neben der Verletzung der Haut und der Knochen ein zusätzliches großes Risiko einer Kiefer- beziehungsweise Stirnhöhleninfektion besteht.

Besonderheiten der Erste-Hilfe-Maßnahmen:

- **Blutstillung:** Verletzungen im Bereich des Kopfes führen nicht selten zu starken Blutungen. Druckverbände oder Staubandagen können hier nur in Ausnahmefällen angelegt werden. Die Blutungen müssen deshalb mittels Wundkompressen gestillt werden.
- **Wundbehandlung:** Weghängende Hautteile dürfen nie weggeschnitten werden! Dies gilt ganz besonders für Verletzungen der Augenlider. Außerdem dürfen im Bereich des Auges keine Desinfektionsmittel angewendet werden.
- **Verbände:** Verbände im Bereich des Kopfes sind nicht ungefährlich, weil sie leicht verrutschen und so zu weiteren Verletzungen führen können. Damit beschränkt sich die Erste Hilfe auf eine örtliche Wundbehandlung, wie sie im allgemeinen Teil bereits beschrieben wurde. In allen Fällen muß umgehend der Tierarzt benachrichtigt werden.
- **Heilung der Wunden:** Aufgrund der guten Durchblutung der Kopfregion heilen die verschiedenen Verletzungen am Kopf relativ rasch und ohne Narbenbildung. Komplikationen wie üppiges Granulationsgewebe, große Narben und schlechte Wundheilung, wie sie in den unteren Regionen der Gliedmaßen häufig beobachtet werden, sind im Bereich des Kopfes selten.

- **Verletzungen der Zähne und Kiefer**

Verletzungen der Schneidezähne des Unterkiefers und auch des Oberkiefers kommen bei Pferden relativ häufig vor. Dabei beißen die Pferde in einen festen Gegenstand, an dem sie beim plötzlichen Loslösen hängenbleiben. Beim Losreißen oder

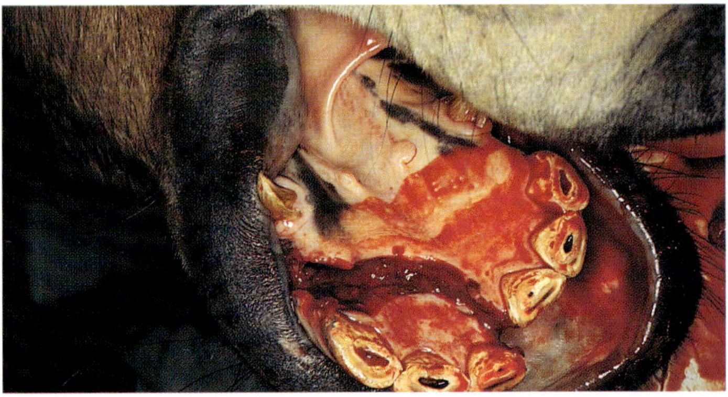

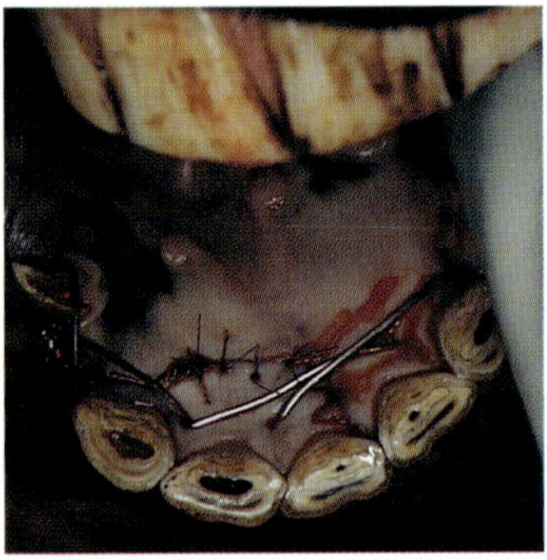

Fraktur im Bereich des Unterkieferknochens mit Ausbruch von drei Schneidezähnen

Die Unterkieferfraktur wurde mit Drähten fixiert.

Die Unterkieferfraktur ist nach acht Wochen gut verheilt, und die Drähte können wieder entfernt werden.

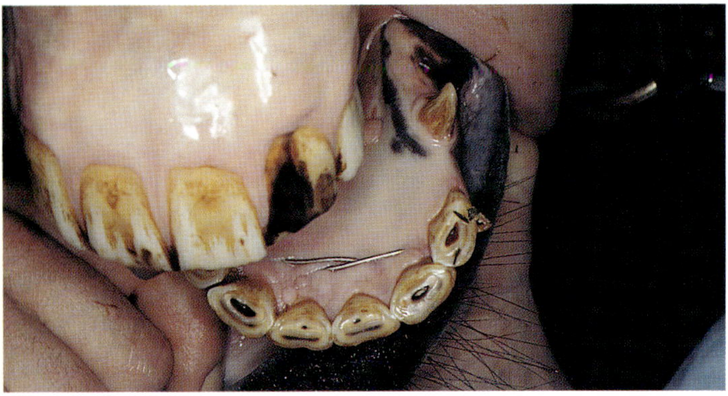

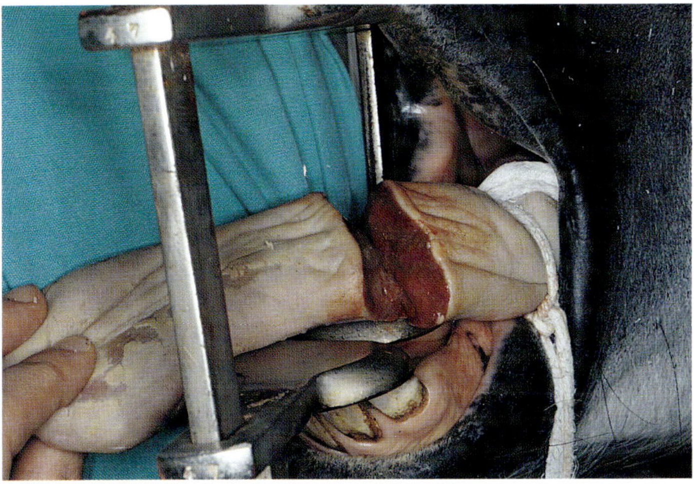

Verletzung der Zunge durch einen Draht

beim Verklemmen zwischen Gitterstäben kommt es zu den bekannten Frakturen des Ober- oder vor allem des Unterkiefers. Die Unter- wie auch die Oberkieferzähne können bei dieser Bewegung zusammen mit den Zahnfächern ausgerissen werden. Solche Verletzungen sehen gefährlich aus, doch erstaunlicherweise fressen viele Pferde trotz dieser Verletzungen der vorderen Zähne. Im Gegensatz dazu verweigern sie bei Verletzungen der Backenzähne sofort die Nahrungsaufnahme.
Wenn Zahn- und Kieferverletzungen rasch versorgt werden, heilen sie in der Regel ohne Komplikationen ab. Der Tierarzt muß sofort verständigt werden, damit er die Zähne mittels Draht selber fixiert oder bei komplizierten Frakturen das Pferd an eine Spezialklinik überweist, wo die Kieferknochen und die Zähne mit Hilfe von Schrauben und Platten fixiert werden können.

- **Verletzungen der Zunge**

So ungewöhnlich es auch klingen mag: Es ist schon manchmal vorgekommen, daß ein Pferd die Zunge seines Boxennachbarn durch die Gitterstäbe festhielt und dann teilweise oder ganz abbiß. Manchmal wickelt sich auch ein Draht um die Zunge und schneidet diese ein oder sogar ab. Solche Verletzungen bluten in der Regel stark. Die Pferde sollten möglichst bald einem Tierarzt gezeigt werden, der dann entscheidet, ob die Zunge genäht werden muß oder ob die Heilung der Mutter Natur überlassen werden kann. In besonders schlimmen Fällen kann eine Teilamputation der Zunge notwendig werden. Die Pferde können in der Regel auch mit einer etwas verkürzten Zunge noch fressen, da sie mit dieser lediglich das Futter in den hinteren Teil der Maulhöhle befördern.

- **Ohrenverletzungen**

Ohrenverletzungen werden ähnlich wie die Zungenverletzungen meistens durch Bisse von anderen Pferde verursacht. Infolge des schlecht heilenden Ohrknorpels, der mitverletzt sein kann, sollten die Pferde rasch einem Tierarzt gezeigt werden, der dann die weiteren notwendigen Maßnahmen ergreift.

2. Verletzungen am Auge

- **Stumpfe Schlagverletzungen**

Sogenannte stumpfe Traumen, zum Beispiel ein Hufschlag eines anderen Pferdes an den Kopf, führen häufig zu schweren Schäden im Augeninneren, ohne daß im ersten Moment äußerlich eine große Wunde auffällt. Im Inneren des Auges kann es aber zu starken Blutungen und zur Netzhautablösung kommen. Betroffene Pferde leiden unter starken Schmerzen, sie kneifen das Auge zu, und im beschädigten Auge ist die Pupille einseitig deutlich verengt. Das Pferd sollte in einem sol-

Rißverletzungen am unteren Augenlid: nie herabhängende Hautfetzen wegschneiden!

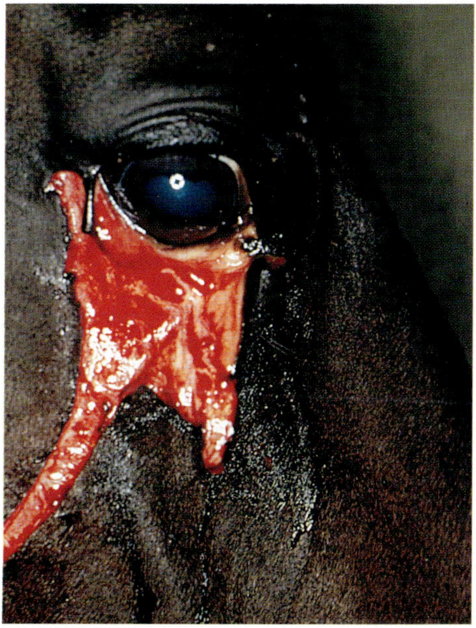

Abgeheilte Lidverletzung 10 Tage nach der Operation

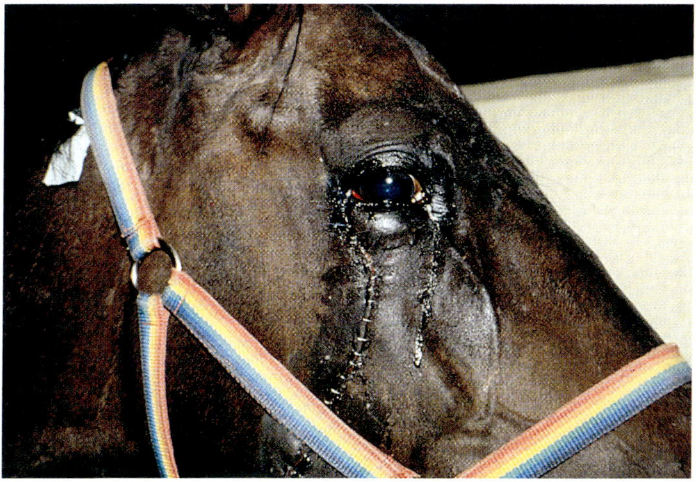

Seifen-, Jod- und Betadinelösungen dürfen nicht mit dem Auge in Kontakt kommen! Auf keinen Fall darf man herabhängendes Gewebe abschneiden, auch wenn ein Hautfetzen noch so klein und nutzlos erscheint!

chen Fall sofort in eine abgedunkelte Box gebracht werden, und man muß unverzüglich den Tierarzt benachrichtigen.

- **Lidverletzungen**

Lidverletzungen entstehen beim Pferd relativ häufig in der Box durch hervorstehende Nägel, auf der Weide durch Kratzen am Zaun oder beim Transportieren. Das Lid ist gut durchblutet, und deshalb bluten Lidverletzungen häufig recht stark. Pferde verlieren aber bei Lidverletzungen nie so viel Blut, daß ein lebensbedrohender Zustand eintreten könnte. Meist kommt die Blutung auch nach einigen Minuten von sich aus zum Stillstand.

Lidverletzungen lassen sich in den meisten Fällen im Stall und am stehenden, aber gut beruhigten Pferd nähen.

Aufgrund der guten Durchblutung der Augenlider heilen solche Verletzungen in der Regel schnell und gut ab. Bis zum Eintreffen des Tierarztes läßt man das Pferd in seiner Box stehen. Wenn der Tierarzt nicht in den nächsten ein bis zwei Stunden kommen kann und ein Transport in eine Klinik nötig ist, muß die Wunde mit lauwarmem Wasser oder mit verdünnter, lauwarmer Kamillelösung vorsichtig gereinigt und feucht gehalten werden.

Das Lid und insbesondere der Lidrand ist für die Gesundheit des Auges von größter Wichtigkeit. Wie ein defekter Scheibenwischer mit der Zeit die Windschutzscheibe zerkratzt, so wird auch ein defektes Lid eine Schädigung der empfindlichen Hornhaut zur Folge haben.

Perforierende Stichverletzung am Auge

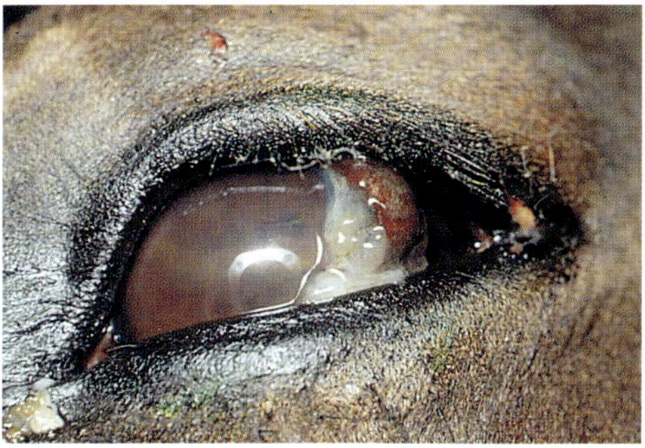

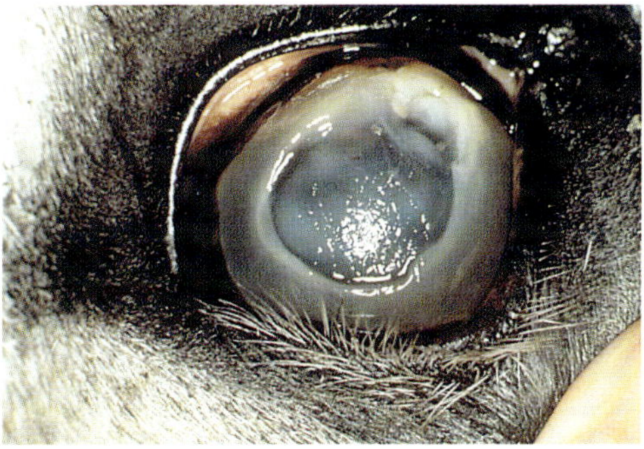

Tiefes, mit Bakterien infiziertes Hornhautgeschwür

Pferd mit eingesetzter Plastikschalenprothese

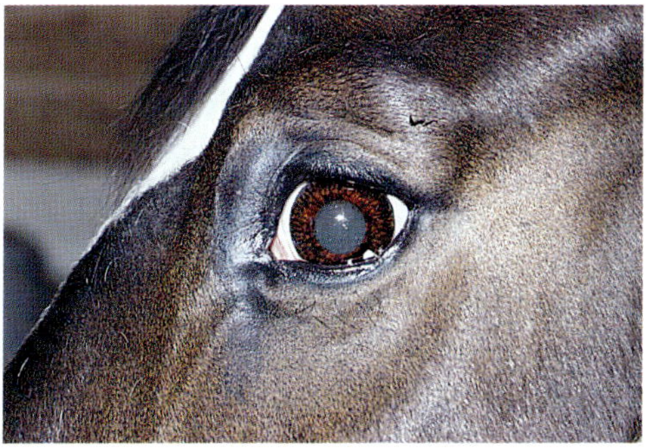

• **Hornhautverletzungen**

Auch die Hornhautverletzungen werden häufig durch spitze, vorstehende Gegenstände im Stall oder im Transporter wie zum Beispiel Nägel oder Schrauben verursacht. Leider kommt es nicht selten auch durch Peitschenschläge auf den Kopf zu solchen Verletzungen oder durch Äste beim Reiten im Wald.

Verletzungen der Hornhaut sind sehr schmerzhaft; das Pferd kneift sofort das betroffene Auge zu, das auch tränt. Die Hornhaut wird trüb und zeigt, je nach Tiefe der Verletzung, manchmal sogar eine Delle. Ist die Hornhaut durchtrennt, so tritt Augenflüssigkeit und eventuell auch Blut aus dem Auge aus, und der Augapfel kollapiert. Das betroffene Pferd sollte unverzüglich in eine abgedunkelte Box gebracht und dort angebunden werden, damit es sich nicht am verletzten Auge reiben kann. Auf keinen Fall sollte am Auge manipuliert oder gar eine kortisonhaltige Augensalbe verabreicht werden! Der Tierarzt muß so rasch wie möglich benachrichtigt werden.

Bleibt eine Behandlung der Hornhautverletzung durch den Tierarzt aus, so kommt es rasch zu einer Infektion des Auges durch Bakterien oder Pilze. Diese zerfressen die Hornhaut, so daß selbst aus einer kleinen, oberflächlichen Hornhautverletzung leicht ein tiefes Hornhautgeschwür entsteht. Tiefe Hornhautverletzungen und Hornhautgeschwüre müssen immer an eine spezialisierte Klinik überwiesen werden und erfordern häufig einen chirurgischen Eingriff unter Vollnarkose. Hornhautverletzungen, die genäht wurden, und tiefe Hornhautgeschwüre hinterlassen nach der Abheilung eine dichte graue Narbe in der Hornhaut. Hornhautgeschwüre, die von Pilzen belegt sind, können häufig selbst in einer spezialisierten Klinik nicht mehr unter Kontrolle gebracht werden. Dies kann zum Verlust des Auges führen und evtl. das Einsetzen einer Prothese nötig machen. Je früher Hornhautgeschwüre erkannt werden und je rascher eine gezielte antibiotische oder antimykotische Behandlung durch den Tierarzt eingeleitet wird, um so besser ist die Aussicht auf Heilung!

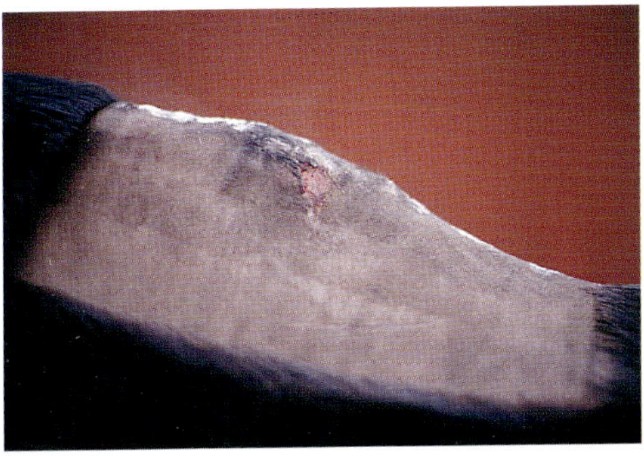

Frische Widerrist-schürfung

Fixierung eines Kühlelementes mit einer Wolldecke und zwei Sattel-gurten

3. Verletzungen am Rumpf

- **Schürfwunden und Druckbeschädigungen**

Sattel- und Gurtdruck

Sattel- und Gurtdrücke sind für das Pferd sehr schmerzhaft, und sie stellen dem Reiter oder Fahrer in der Regel kein gutes Zeugnis aus. Ein alter, beschädigter oder nicht passender Sattel oder eine ungepflegte Sattelunterlage können zu Satteldrücken führen. Auch nicht passende, defekte oder schlecht gepflegte Sattelgurte und Geschirrteile können Druckbeschä-

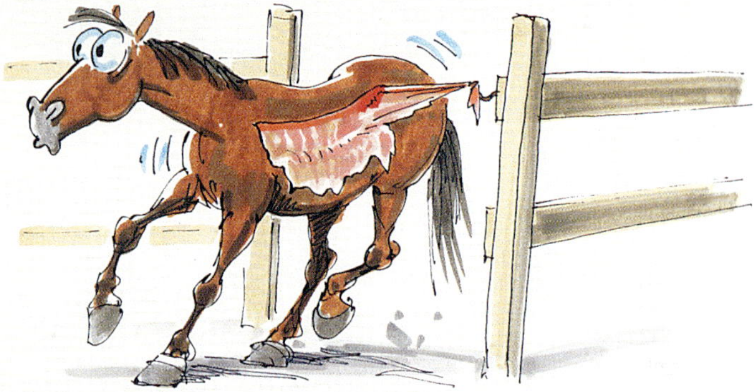

Ausgedehnte oberflächliche Rißwunde

digungen verursachen. Allzuhäufig wird vergessen, daß sich die Sattellagen der veschiedenen Pferde stark unterscheiden, weshalb die Sättel unter den Pferden nicht einfach ausgetauscht werden können, sondern den einzelnen Rückenformen angepaßt werden müssen.
Bei einem Sattel- oder Gurtendruck muß die frisch entzündete Region gekühlt und desinfiziert werden. Zum Kühlen eignen sich spezielle Kühlelemente wie die Cold packs. Man kann aber auch gewöhnliches Eis aus der Gefriertruhe verwenden. Dabei muß jedoch ein Tuch zwischen das Eis und die Haut gelegt werden, damit es nicht zu Erfrierungen der Haut kommen kann. Diese Kältetherapie sollte etwa 45 Minuten lang durchgeführt werden. Auf diese Weise kann man die Entzündung reduzieren und eventuell auch ernsthafte Folgen verhindern. Auf keinen Fall darf das Pferd in den nächsten Tagen geritten werden! Außerdem sollte man den Tierarzt verständigen, damit dieser die genaue Ursache für die Druckstelle herausfinden und spezi-

elle Maßnahmen einleiten kann. Er kann auch beurteilen, ob der Fehler beim Sattel liegt, ob dieser verbessert werden kann oder ersetzt werden muß.

- **Schnitt-, Riß- und Quetschwunden**

Bei den Verletzungen am Rumpf müssen zwei verschiedene Arten von Wunden unterschieden werden.
Da sind einmal die oberflächlichen *Riß-, Schnitt- und*

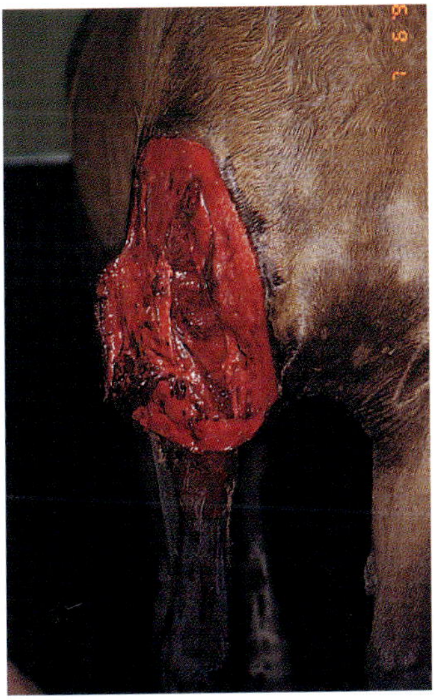
Frische Verletzung im Bereich der Vorderbrust

Deutliche Verkleinerung der Wunde nach drei Wochen durch Auffüllen mit Granulationsgewebe und durch Wundkontraktion

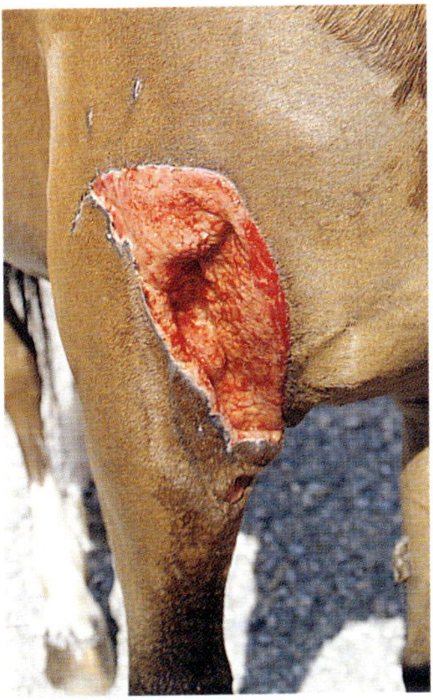

Quetschwunden der Haut und der darunterliegenden Muskulatur. Sie enstehen durch Anstoßen oder Hängenbleiben an stumpfen und spitzen Gegenständen und sehen im ersten Moment sehr dramatisch aus, weil sie in der Regel auch stark bluten. Diese Wunden heilen aber meistens erstaunlich rasch und ohne weitere Komplikationen ab. Das hängt damit zusammen, daß die Muskulatur im Bereich des Rumpfes kräftig entwickelt ist, wo-

Deutliche Asymmetrie
der Hüftgegend

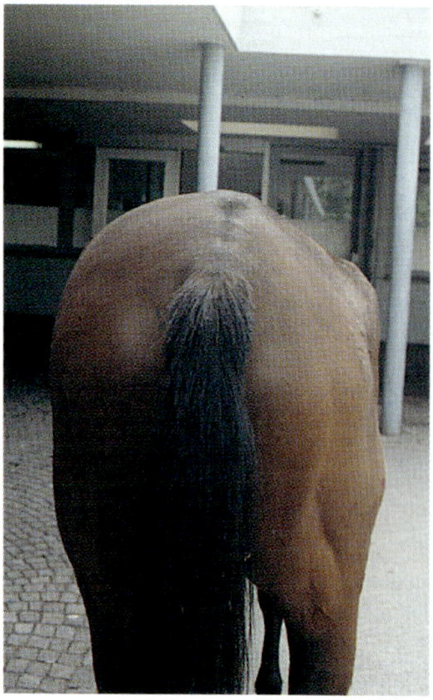

durch das Wundgebiet auch gut durchblutet wird. Außerdem ist die Spannung im Bereich des Rumpfes nicht so groß, so daß das Zusammenziehen der Wundränder leichter möglich ist.
Zum zweiten können an der *Vorder- und Unterbrust* zum Teil sehr tiefe Verletzungen entstehen. Dabei werden auch viele Blutgefäße in Mitleidenschaft gezogen, so daß es zu einem erheblichen Blutverlust kommen kann.
Die erste Sofortmaßnahme besteht darin, das Pferd zu beruhigen und es aus der Gefahrenzone zu bringen, damit es sich nicht weiter verletzen kann. Das Wundgebiet kann schon gereinigt und desinfiziert werden, und man kann die Haare in der Wundumgebung entfernen. Natürlich muß der Tierarzt verständigt werden. Nur er kann das wirkliche Ausmaß der Verletzung beurteilen und die weitere Behandlung einleiten. In manchen Fällen kann die Haut verschlossen werden, wodurch eine rasche Wundheilung erfolgt. Oft ist der Haut- und Gewebedefekt aber so groß, daß keine Wundnaht möglich ist. Obwohl die Wundheilung dann länger dauert, heilen auch ausgedehnte Haut- und Muskelverletzungen am Rumpf in der Regel ohne Komplikationen ab.
Eine Besonderheit der Verletzungen im Bereich der Vorder- und Unterbrust ist die Luftansammlung in der Unterhaut, die auch als Emphysem bezeichnet wird. Diese Luftansammlung kann sich bis zu den Hintergliedmaßen erstrecken. Sie

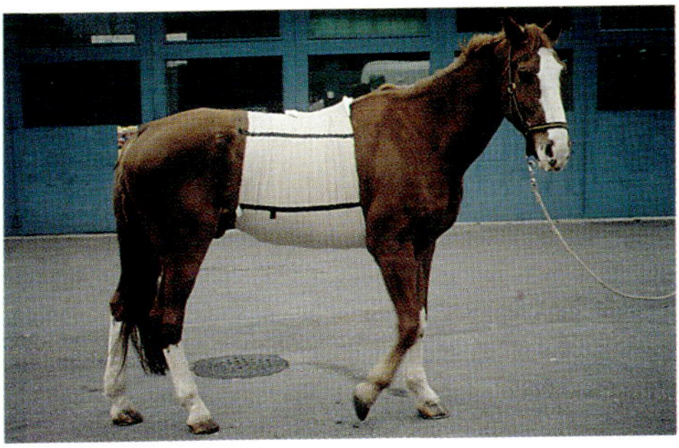

Pferd mit einem Rumpfverband

entsteht dadurch, daß sich die Wundöffnung bei jedem Vorwärtsschritt öffnet und Luft ansaugt. Beim Nachziehen der Gliedmaße legt sich die Haut wieder auf die Wundöffnung, so daß die Luft nicht mehr ausströmen kann. Es entsteht also eine Art von Ventilwirkung.

Enge Stalltüren oder Weideeingänge können zu Verletzungen im Bereich der *Hüfthöcker* führen. Der Hüfthöcker ist ein stark vorspringender Knochenteil, der bei heftiger Krafteinwirkung abbricht. Dies geschieht recht häufig an den Boxen- oder Türkanten, wenn die Pferde aus der Box oder aus dem Stall stürmen. Ähnliche Verletzungen können auch dann entstehen, wenn die Pferde auf glattem Untergrund wie nassen Böden oder Glatteis ausrutschen. Man darf sich dann nicht von der kleinen Wunde über dem Hüfthöcker täuschen lassen, sondern sollte immer auch an eine mögliche Fraktur des darunterliegenden Knochens denken - vor allem, wenn das betroffene Pferd eine zusätzliche starke Lahmheit zeigt und die Kruppe asymmetrisch erscheint.

Verletzungen am Hüfthöcker sollten immer dem Tierarzt gezeigt werden. Neben der Gefahr einer Fraktur besteht bei diesen Verletzungen immer eine große Versackungstendenz von Wundwasser, woraus eine eitrige Entzündung entstehen kann.

Stichverletzungen im Bereich der Brust können zu einer Eröffnung der Brusthöhle führen.

• **Stichverletzungen**

Wenn eine der großen Körperhöhlen, also Brust-, Bauch- oder Beckenhöhle, durch einen Stich verletzt wird, spricht man von sogenannten Pfählungswunden. Derartige Wunden enstehen durch das Eindringen von Holz-, Metall- oder Deichselstangen in den Rumpf des Pferdes. Solche Gegenstände können bis in die Brust-, Bauch- oder Beckenhöhle eindringen und somit lebenswichtige Organe verletzen und zu lebensbedrohlichen Zuständen führen. Diese Verletzungen sehen sehr dramatisch aus und benötigen eine korrekt ausgeführte Erste Hilfe sowie schnellstmöglich eine tierärztliche Versorgung.

Man darf auf keinen Fall den Fremdkörper selber aus dem

Die Gegenstände dürfen nie selber aus dem Rumpf entfernt werden!

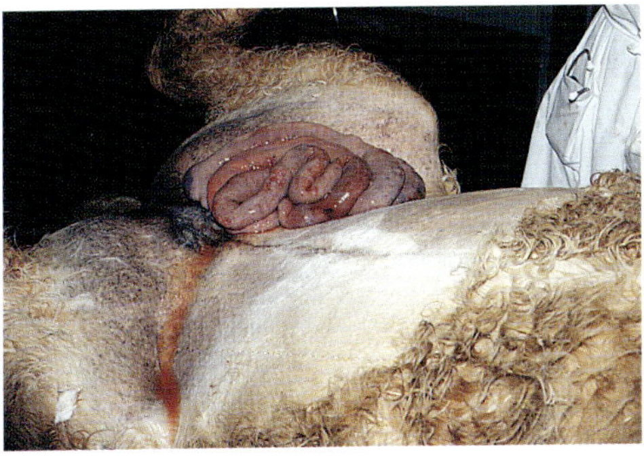

Verletzung der Bauchwand, die zum Austreten von Darmteilen geführt hat

Rumpf ziehen! Dies führt nämlich zu starken Blutungen und zu einer zusätzlichen Vergrößerung der Öffnung in der Brust-, Bauch- oder Beckenhöhle. Wenn ein Pferd in die Box gebracht oder verladen werden muß, kann die im Rumpf steckende Stange circa zehn Zentimeter vor dem Rumpf abgesägt werden.

Die Blutstillung

Verletzungen im Bereich des Rumpfes können zu starken Blutungen führen, die man mittels Wundkompressen deutlich reduzieren kann. Bei dramatischen Verletzungen sollte man Rumpfverbände anlegen. Die Fremdkörper dürfen, wie bereits erwähnt, nicht entfernt werden, weil dadurch zusätzliche Blutungen entstehen können.

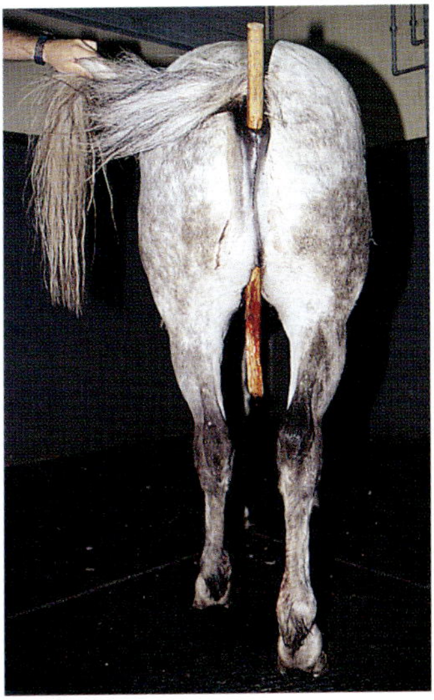

Verletzung der Beckenhöhle durch einen Gabelstiel

Besonderes zu den einzelnen Pfählungsverletzungen

a. Verletzungen im Bereich der Brusthöhle: Wenn die Wunde so tief reicht, daß auch das Rippenfell verletzt ist, kann Luft in den Brustraum eindringen, wodurch die Lunge zusammenfällt. Wenn die linke und die rechte Lunge betroffen sind, kann dies innerhalb weniger Minuten zum Erstickungstod des Pferdes führen. Aus diesem Grund müssen Stichverletzungen im Bereich des Rumpfes immer so rasch wie möglich von einem Tierarzt behandelt werden.

b. Verletzungen im Bereich der Bauchhöhle: Stichverletzungen im Bereich der Bauchhöhle können zu einer Verletzung der Bauchwand und damit zur Eröffnung der Bauchhöhle führen. Wie bei den Brusthöhlenverletzungen, so dürfen auch in diesen Fällen die eingedrungenen Fremdkörper nicht herausgezogen werden. Ansonsten besteht die Gefahr, daß Darmteile herausquellen könnten. Bei schweren Verletzungen, beispielsweise nach Kollisionen mit Autos, treten auch nicht selten Darmteile aus der Bauchhöhle. Diese vorquellenden Darmteile sollten mit lauwarmen Wasser gereinigt und in die Bauchhöhle zurückgestoßen werden. Dies ist jedoch in den seltensten Fällen machbar, weil die Pferde in der Regel so starke Schmerzen haben, daß eine Behandlung fast unmöglich ist. Man sollte versuchen, das Herausfallen von weiteren Darmteilen zu verhindern, in dem man saubere Leintücher, Plastikfolien, Schabracken oder Wolldecken um den Rumpf legt.

c. Verletzungen im Bereich der Beckenhöhle: Verletzungen im Bereich der Beckenhöhle können zu einer Schädigung von Darm-, Harn- und auch Geschlechtsorganen führen. Wie die Bauch- und Brusthöhlenverletzungen können auch Beckenverletzungen zu einem lebensbedrohlichen Zustand führen, so daß der Tierarzt umgehend verständigt werden muß. Als Erste-Hilfe-Maßnahmen empfehlen sich die im Abschnitt über Brusthöhlenverletzungen beschriebenen Verhaltensweisen.

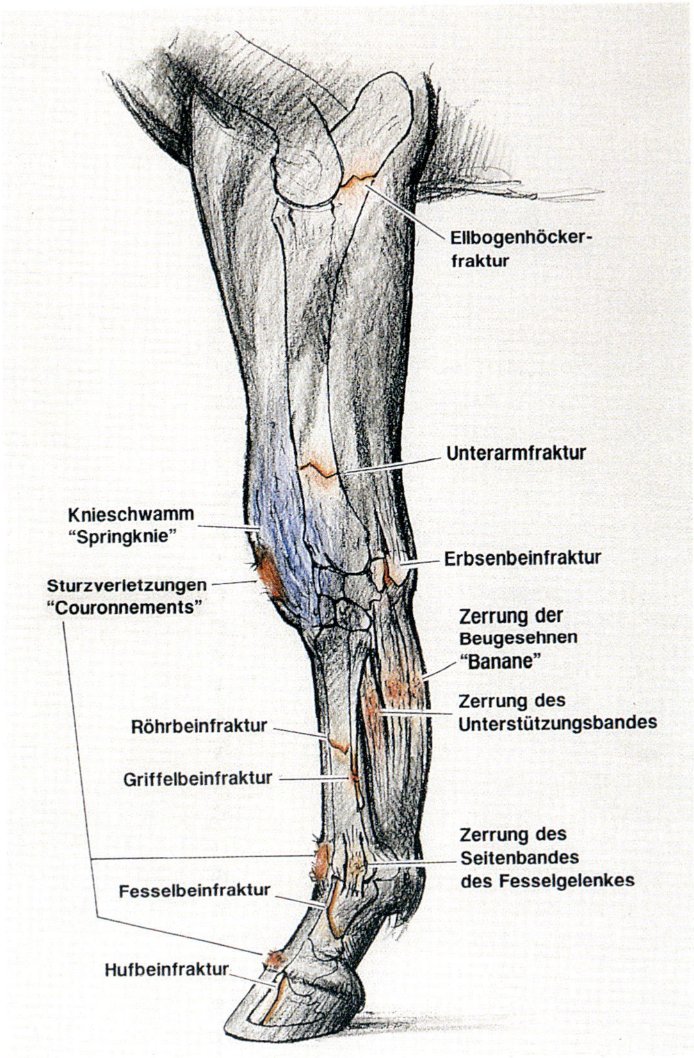

Verschiedene Gliedmaßenverletzungen

4. Verletzungen an den Gliedmaßen

Gliedmaßenverletzungen stellen beim Pferd in der Regel immer Notfälle dar. Unterschiedliche Traumen führen zu Verletzungen an schlecht heilenden Hautpartien und können darüber hinaus überaus empfindliche Strukturen wie Gelenke, Sehnen und Sehnenscheiden erfassen. Es kann in diesem Zusammenhang nicht genügend oft auf die schlechte Heiltendenz, besonders im unteren Bereich der Beine, hingewiesen werden. Zum ersten ist die Blutzirkulation infolge der statischen Situation schlecht, zum zweiten ist die Haut über den Knochen, Sehnen und Bändern unter starker Spannung, und drittens sind diese Gliedmaßenteile in stetiger Bewegung. Dies gilt insbesondere für Wunden im Gelenkbereich, die deshalb sehr schlecht abheilen. Sie müssen daher sehr ernst genommen werden und dürfen auf keinen Fall bagatellisiert werden. Der Ausdruck Bagatellverletzung ist daher irreführend.

- **Schürfwunden**

Schürfwunden, bei denen die Haut nicht perforiert wurde, kommen an den Beinen häufig vor. Diese Verletzungen heilen in der Regel rasch und ohne Komplikationen ab. Besonders empfindliche Pferde benötigen dennoch eine sorgfältige Wundbehandlung, weil auch schon bei kleinen Schürfwunden die Gefahr einer eitrigen Infektion der Umgebung besteht.

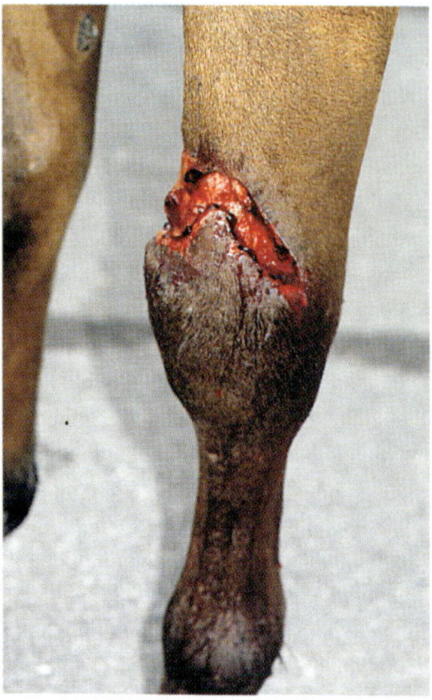

Tiefe Schürfwunde am Vorderfußwurzelgelenk (Couronnement)

Die Erste-Hilfe-Maßnahmen bei Schürfwunden bestehen darin, daß man die umgebenden Haare entfernt, die Wunde mit sauberem Wasser und Wundkompressen reinigt und sie mit verdünnter Betadinelösung desinfiziert. Eventuell kann auch für einen Tag ein desinfizierender Verband angelegt werden.

Couronnement

Unter dem Couronnement versteht man eine Verletzung im Bereich des Vorderfußwurzelgelenks, die durch Hinfallen des Pferdes auf die Vorderfußwurzelgelenke entstanden ist. Dabei wird im günstigen Fall nur die Haut geschürft, im ungünstigen Fall aber werden auch die darunterliegenden Strukturen beschädigt. Dies kann zu einer Eröffnung der Sehnenscheiden oder sogar der Karpalgelenke führen, wodurch das Risiko einer Gelenksinfektion besteht.

Die Wunden sollten nach den allgemeinen Prinzipien behandelt werden, wobei das weitere Vorgehen der Tiefe der Verletzung angepaßt werden muß. Sobald die Haut durchtrennt ist, muß rasch der Tierarzt verständigt werden, damit die Wunden genau abgeklärt und nötigenfalls genäht werden können. Ein stabilisierender Verband kann die Heilung deutlich begünstigen.

Außerdem muß man sich überlegen, warum das Pferd gestolpert ist. Wurde mit dem Neubeschlag zu lange gewartet, und sind dadurch die Zehen des Pferdes zu lang geworden? Sind die eigenen Reitkünste vielleicht mangelhaft, oder zeigt das Pferd eine Lahmheit, die abgeklärt werden muß?

Strickwunden

Die klassische Strickwunde entsteht meistens dadurch, daß die Pferde zu lang angebunden werden und sich so mit dem Vorder- oder auch mit dem Hinterbein im Strick verfangen können. Beim Versuch, sich aus dieser mißlichen Lage zu befreien, kann der Strick durch das mehrmalige Hin- und Hergleiten in der Fesselbeuge tiefe Schürfwunden verursachen. In der

Frische Strickwunde

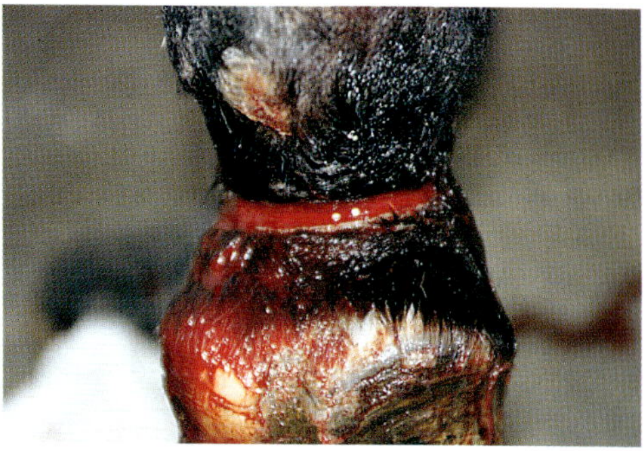

Mehrzahl der Fälle enstehen diese Verletzungen im Bereich der Fesselbeuge. Solche Strickwunden können auch dann auftreten, wenn die Pferde an einem leichten oder schlecht fixierten Gegenstand angebunden werden und sich von diesem oder mit diesem losreißen. Beim Davonrennen wird der Gegenstand hin und her geschwungen und kann sich dabei um ein Bein wickeln und dieses stark verletzen.

Die Erste-Hilfe-Maßnahmen bestehen zunächst darin, daß man den Strick entfernt. Die Wunde wird dann nach den allgemeinen Prinzipien behandelt, man legt einen Verband an und verständigt den Tierarzt. Dieser wird einen Schienenverband oder sogar einen Gips anlegen, damit die Wunde ruhiggestellt wird. Dadurch wird die Heilung beschleunigt, und gleichzeitig kann damit auch ein besseres kosmetisches Resultat erzielt werden.

Bandagendrücke

Bandagendrücke entstehen durch zu eng angelegte Bandagen oder ungenügend gepolsterte Verbände. Dabei werden die kleinen Blutgefäße in der Haut und manchmal auch im darunterliegenden Gewebe geschädigt. Im günstigen Fall entsteht eine Entzündung, im schlechteren Fall aber können die Haut und auch die darunterliegenden Strukturen absterben. Es ist auch kein Märchen, sondern leider eine Tatsache, daß schon Pferde getötet werden mußten, weil zu enge Verbände oder Gamaschen angelegt wurden.

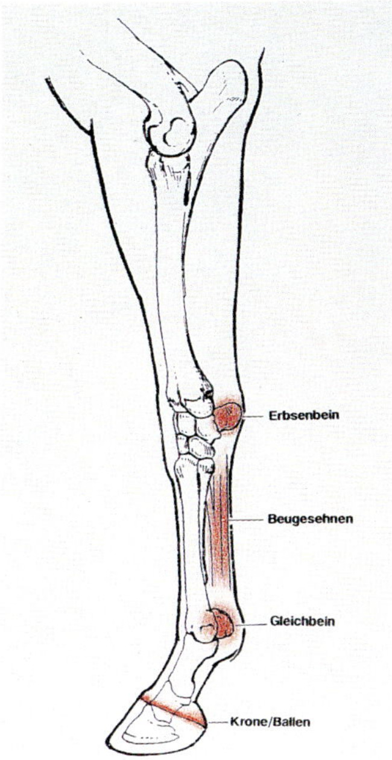

Schematische Darstellung von gefährdeten Druckstellen-Regionen am Vorderbein

Bandagendrücke sind äußerst gefährlich, so daß der Tierarzt rasch informiert werden sollte. Die frisch entzündete Region wird gekühlt und desinfiziert. Zum Kühlen eignen sich auch in diesen Fällen spezielle Kühlelemente wie die Cold packs, es kann aber auch gewöhnliches Eis aus der Gefriertruhe verwendet werden. Dabei muß jedoch ein Tuch zwischen das Eis und die Haut gelegt werden, damit es nicht zu Erfrierungen der Haut kommen kann. Diese Kältetherapie sollte etwa 45 Minuten lang durchgeführt werden. Auf diese Weise kann die Entzündung reduziert werden, und ernsthafte Folgen können eventuell verhindert werden.

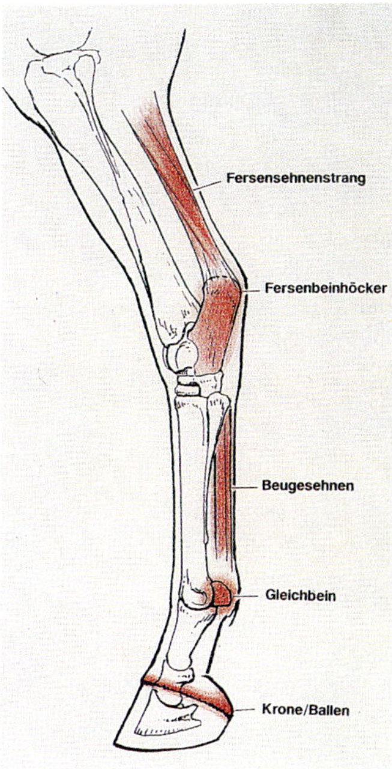

Schematische Darstellung von gefährdeten Druckstellen-Regionen am Hinterbein

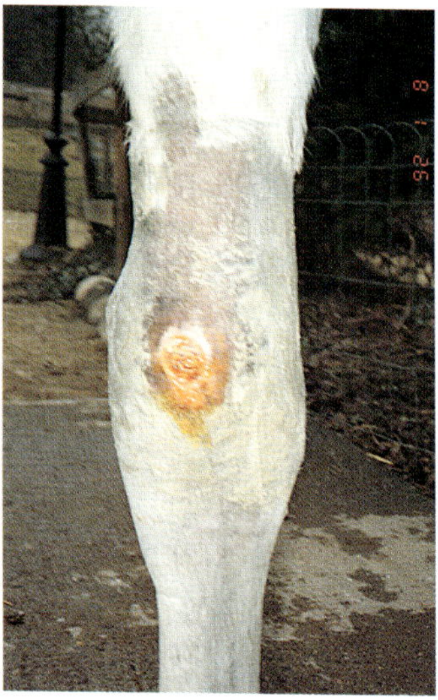

Druckbeschädigung über
dem Erbsenbein

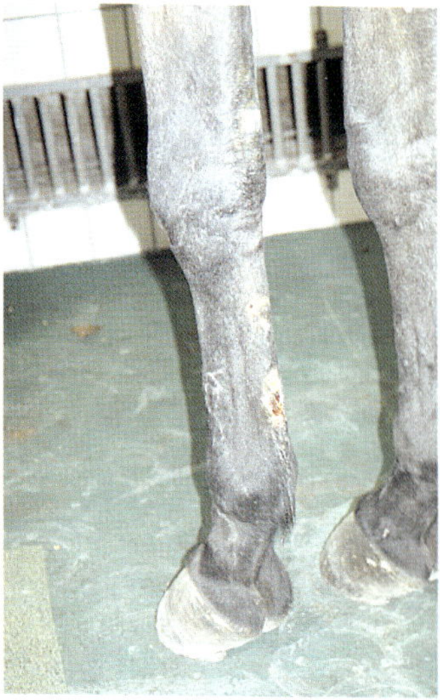

Oben: Druckbeschädigung über
den Beugesehnen

Rechts: Druckbeschädigung über
dem Fersenhöcker

Druckbeschädigung über den
Gleichbeinen

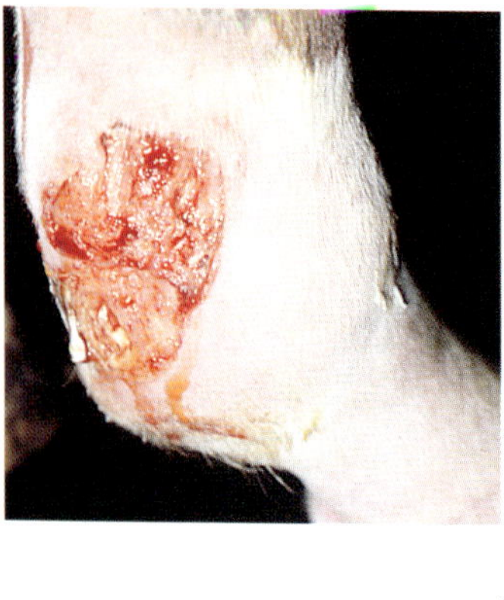

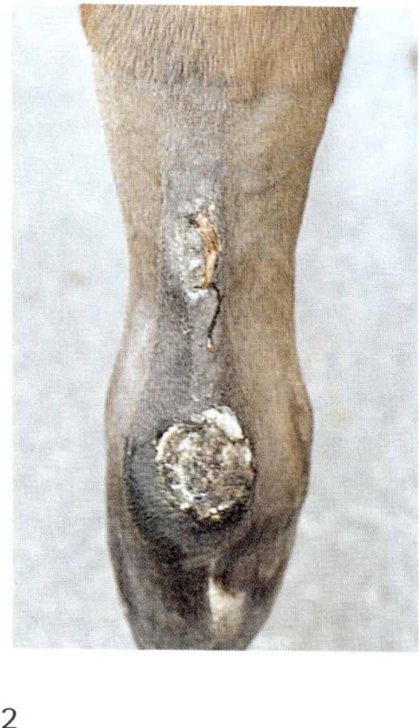

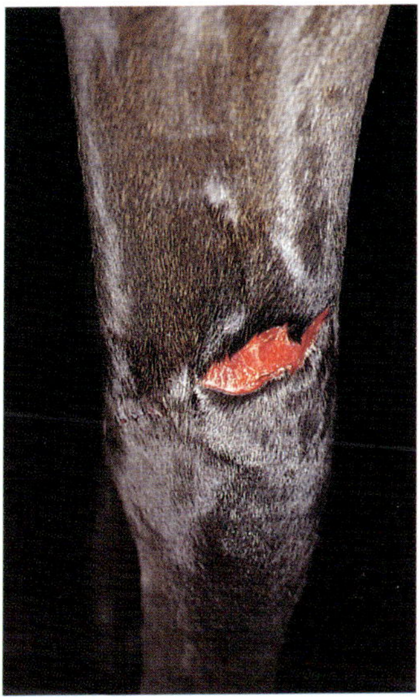

Oberflächliche Schnittverletzung

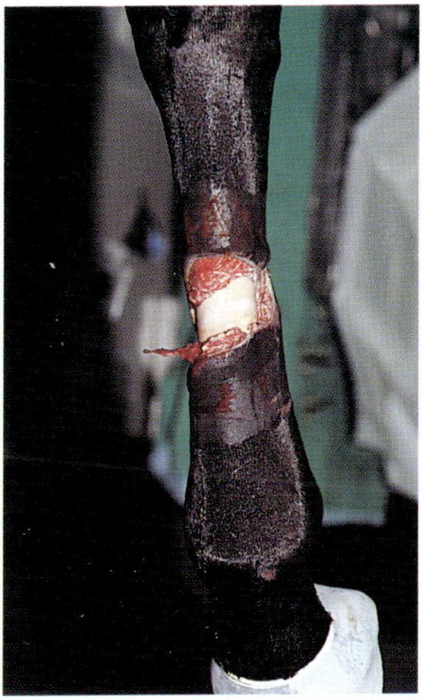

Tiefe Schnittverletzung

- **Schnitt-, Riß- und Quetschwunden**

Bei Schnittverletzungen ist die Haut in der Regel vollständig durchtrennt, und die darunterliegenden Strukturen können darüber hinaus beschädigt sein. Die Wundränder klaffen infolge der starken Spannung an den Gliedmaßen auseinander, so daß das darunterliegende Gewebe freigelegt wird. Nicht selten können dabei auch die Sehnen durchschnitten werden, so daß das Pferd die Gliedmaße nicht mehr normal belasten kann.

Schnittverletzungen müssen möglichst bald, das heißt innerhalb der nächsten acht Stunden, genäht werden. Je länger gewartet wird, desto mehr schwillt das Wundgebiet an, und desto stärker klafft die Wunde. Die Folge davon ist beim nachfolgenden Zunähen eine starke Spannung des Gewebes, wodurch es dann häufig zum Platzen der Naht nach einigen Tagen kommt. Wenn die Wunden nicht möglichst rasch mit

Die Rückwand eines Pferdetransporters wurde durchgeschlagen.

Riß- und Quetschwunde, die beim Durchschlagen einer Bretterwand entstanden ist

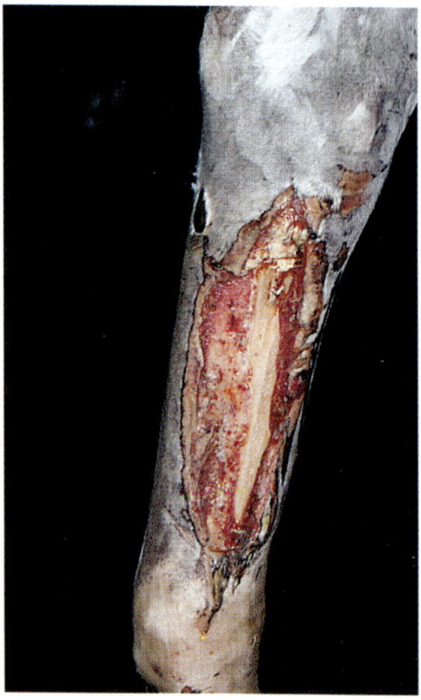

einem feuchten Verband abgedeckt werden, besteht zudem ein erhebliches Infektionsrisiko, wodurch die Wundheilung noch zusätzlich stark verzögert wird. Aus diesem Grund sollte der Tierarzt rasch verständigt werden, damit die Verletzung fachgerecht versorgt werden kann. Wenn das Pferd ruhig ist und keine allzu großen Schmerzen hat, kann man versuchen, die umliegenden Haare zu entfernen. Man muß dabei aber darauf achten, daß die entfernten Haare nicht in die Wunde gelangen. Dies würde die Wundheilung stark stören, und die Haare können nur mit großem Aufwand wieder entfernt werden. Dazu ist einige Geschicklichkeit und Erfahrung notwendig.

Wenn die Schnittverletzung nicht allzu tief ist, sollte man die

Wunde vorsichtig reinigen und desinfizieren. Im Anschluß daran legt man einen desinfizierenden Verband an und verständigt den Tierarzt. Falls auch Sehnen durchtrennt wurden, legt man wie beim Knochenbruch einen Schienenverband an (siehe Seite 126).
Zu schlimmen Riß- und Quetschwunden kann es kommen, wenn ein Pferd durch eine *Boxenwand* oder eine *Transportertüre* schlägt oder sich ein Bein nach dem Ausschlagen zwischen Gitterstäben verkeilt.
Riß- und Quetschwunden sind beim Pferd sehr gefürchtet. Bei diesen Verletzungen wird die Haut zerrissen und darüber hinaus das umgebende Gewebe stark beschädigt. Auch wenn das angrenzende Gewebe auf den ersten Blick fast unversehrt aussieht, sind die kleinen Blutgefäße zerstört, so daß auch diese scheinbar nicht veränderten Strukturen nach kurzer Zeit absterben. Dadurch können solche Wunden nach einigen Tagen viel schlimmer aussehen als unmittelbar nach dem Unfall. Dafür ist nicht eine falsche Wundbehandlung, sondern die ursprüngliche Verletzung verantwortlich.
Falls das Bein noch zwischen den Gitterstäben oder zwischen Brettern verkeilt sein sollte, muß es natürlich rasch befreit werden. Dazu kann es notwendig sein, die Bretterwände oder die Gitterstäbe durchzusägen. Der Tierarzt muß rasch verständigt werden, damit die Wunde versorgt und das Pferd für einen Transport in eine Klinik vorbereitet werden kann. Weil bei diesen Verletzungen häufig auch Knochen freigelegt und Gelenke eröffnet werden, soll in diesen Fällen die Wandbehandlung nur mit verdünntem Betadine erfolgen. Dies könnte sonst zu einer Reizung und Schädigung des Gelenkes führen.

- **Stichverletzungen**

Stacheldrahtverletzungen

Sie gehören wie die Riß- und Quetschwunden und die anderen Stichverletzungen zu den problematischsten Verletzungen

Schema
einer Stacheldraht-
verletzung

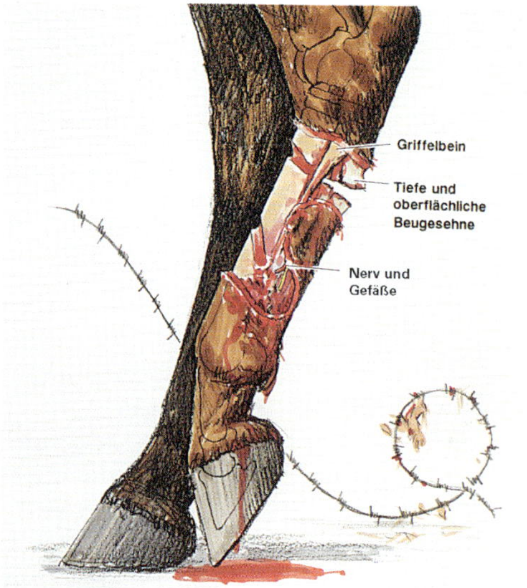

Starke Narbenbildung
nach einer Stachel-
drahtverletzung
in der Sprungbeuge

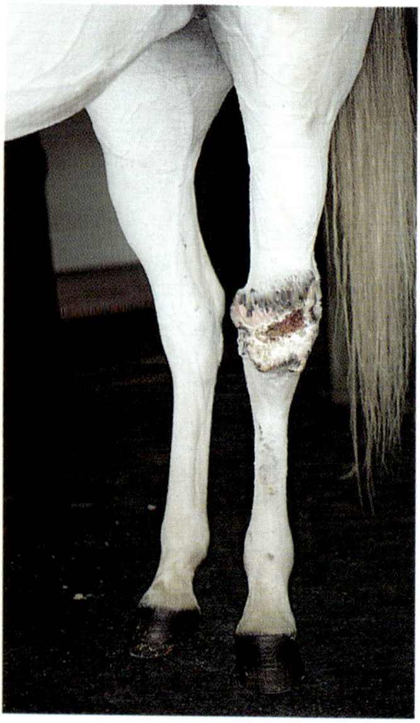

am Pferdebein. Es ist daher unverständlich, daß es immer noch Pferdeweiden gibt, die mit Stacheldraht eingezäunt sind. Stachdeldrahtverletzungen führen zu einer starken Beschädigung des Gewebes: Die Stacheln dringen weit in das Gewebe ein und verletzen darüber hinaus meistens die unteren Regionen des Pferdebeines, die ohnehin eine schlechte Wundheilung zeigen, wie zum Beispiel die Vorderseite des Sprunggelenkes oder den Fesselbereich. Diese Wunden heilen aufgrund der

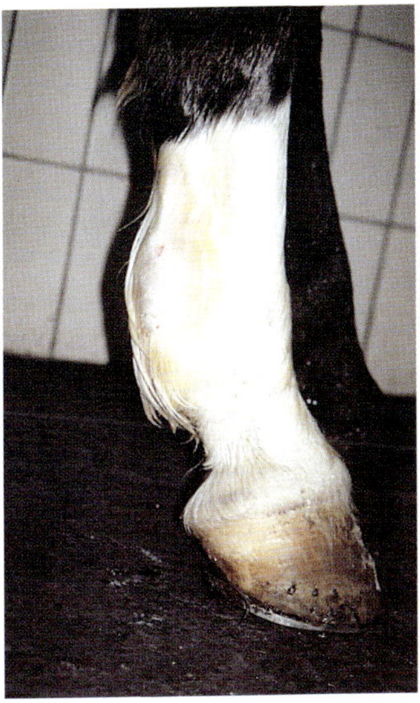

Infizierte Fesselbeugesehnenscheide nach einem Gabelstich

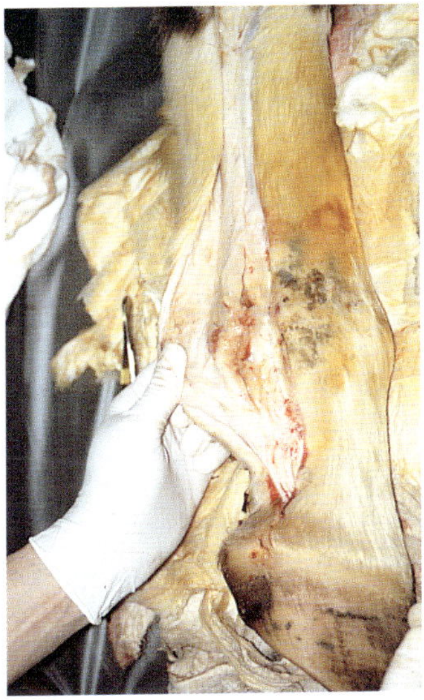

Die daraus resultierende eitrige Infektion der Fesselbeugesehnenscheide machte die Tötung des Pferdes erforderlich

dauernden Bewegung der Gelenke schlecht und führen daher meistens zu einer starken Narbenbildung.

Als erste Sofortmaßnahme muß der Draht sorgfältig entfernt werden. Anschließend wird das gesamte Verletzungsgebiet ausgeschoren, damit auch kleine Verletzungen erkannt und behandelt werden können. Danach wird das ganze Bein sauber gewaschen und desinfiziert, bevor man einen desinfizierenden Verband anlegt. Auf alle Fälle muß der Tierarzt verständigt werden - alleine schon deshalb, weil bei diesen Verletzungen eine besonders große Gefahr für Wundstarrkrampf (Tetanus) besteht. Zu den vordringlichsten Maßnahmen gehört es auch, daß man sich überlegt, wie der Stacheldrahtzaun schnellst- und bestmöglich ersetzt werden kann.

Gabelstich-
verletzungen sind
rasch passiert
und sehr gefährlich

Gabelstiche
verletzen häufig
die gemeinsame
Fesselbeugesehnen-
scheide und Gelenke

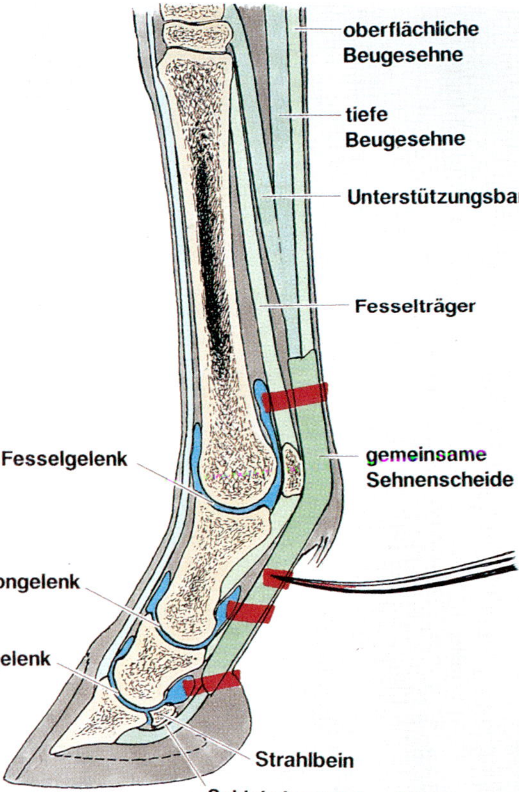

Gabelstichverletzungen

Sie gehören ebenfalls zu den gefährlichsten Verletzungsarten, weil die scharfen Spitzen tief in das Gewebe eindringen und damit äußerst empfindliche Strukturen wie Sehnenscheiden und Gelenke verletzen. Zudem ist die Gabelspitze mit Kot und Urin verunreinigt und bringt daher viele Bakterien in das verletzte Gewebe, so daß gefährliche Infektionen entstehen können. Darüber hinaus verschließt sich die kleine Hautwunde rasch, so daß die Wundsekrete nicht abfließen. Innerhalb einiger Stunden lahmen die Pferde stark, das Bein schwillt an, und das Pferd bekommt Fieber.
Leider werden Gabelstiche oft übersehen oder in ihrer Gefährlichkeit unterschätzt, so daß die Erste-Hilfe-Maßnahmen zu spät eingeleitet werden und der Tierarzt viel zu spät benachrichtigt wird.
Sobald man ein Pferd mit der Gabel verletzt hat, müssen die Haare um die Einstichstelle entfernt werden. Erst nach der Entfernung der Haare kann die Ernsthaftigkeit einer Gabelstichverletzung genau beurteilt werden. Man reinigt die kleine Hautverletzung mit einem Desinfektionsmittel und legt anschließend einen desinfizierenden Verband an. Wenn die Gabelspitze die Haut durchstochen hat, muß unbedingt ein Tierarzt verständigt werden. Dieser entscheidet dann, ob das Pferd im Stall behandelt werden kann oder in eine Klinik überwiesen werden muß.

Nagelstich, Nageltritt und Nageldruck

Während man unter einem Nagelstich die Verletzung der Huflederhaut durch Stechen mit einem Hufnagel beim Beschlagen des Pferdes versteht, ist mit dem Begriff Nageltritt das Eintreten eines Nagels in die Sohlenfläche des Hufes gemeint. Zur Vervollständigung der Begriffe sei noch der Nageldruck erwähnt, worunter man das Drücken eines Hufnagels auf die Huflederhaut versteht, der beim Beschlagen etwas zu weit nach innen geraten ist. Alle drei Verletzungen können

Verschiedene Stellen, an denen Nägel eingetreten werden können

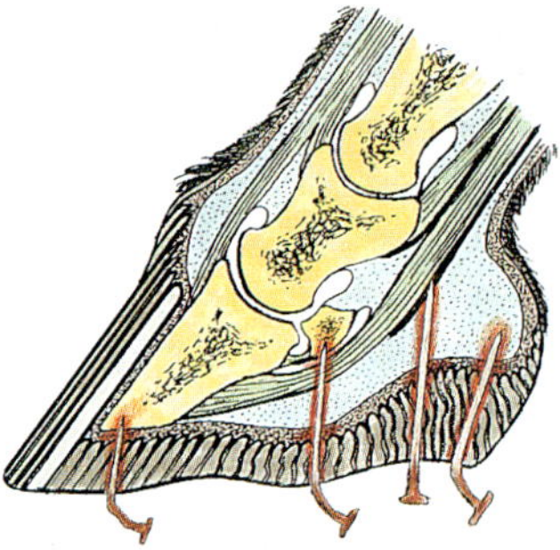

Der eingetretene Nagel hat die Sehne durchstochen, den Schleimbeutel und das Strahlbein verletzt.

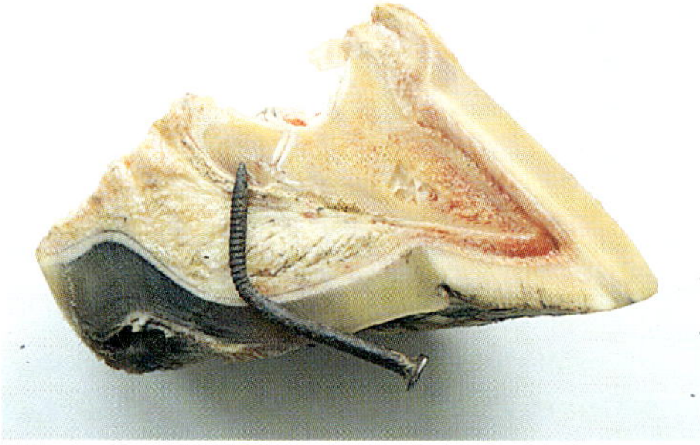

Schema eines Nagelstiches und eines Nageldruckes

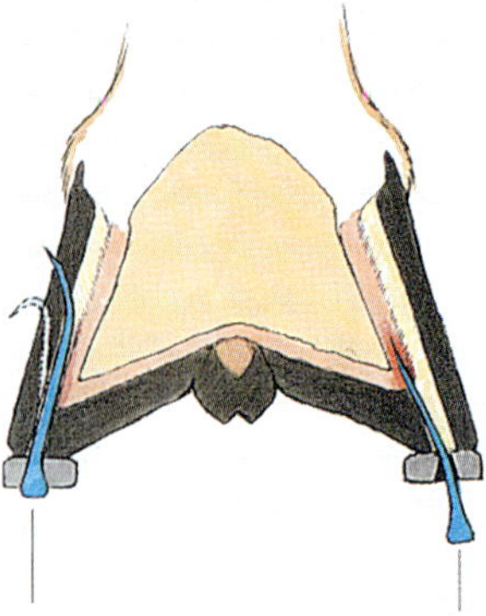

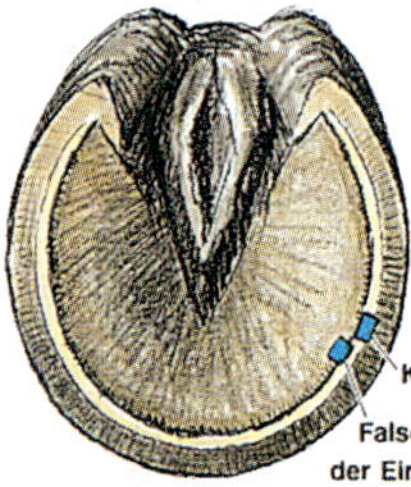

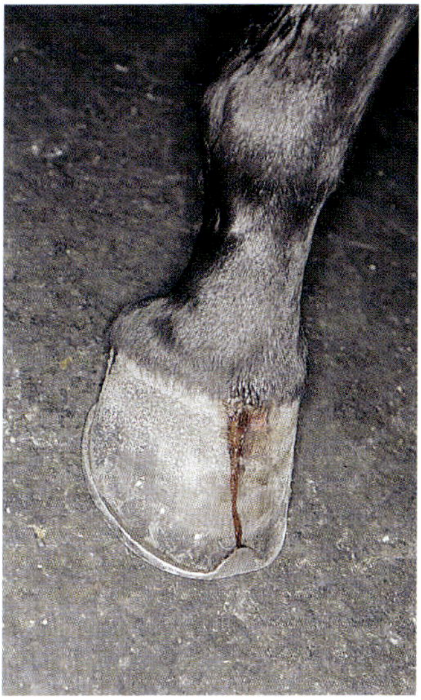

Frischer Krontritt

Ein alter Krontritt kann zu einem Hornspalt führen.

schmerzhafte Entzündungen und Infektionen nach sich ziehen.
Nageltritte können je nach Lokalisation des Einstiches äußerst gefährlich sein, weil der Nagel weit in den Huf eindringen und somit auch sehr empfindliche Strukturen wie Gelenke, Sehnenscheiden, Sehnen, Schleimbeutel und Knochen verletzen kann. Darüber hinaus sind die Nägel in der Regel stark verschmutzt, wodurch gefährliche Infektionen entstehen. Zudem verschließt sich die kleine Läsion in der Hufkapsel rasch. Dadurch können die Wundsekrete nicht abfließen, und es besteht infolge des Luftabschlusses auch eine große Gefahr für Wundstarrkrampf (Tetanus). Die Verletzungen sind so gefährlich und auch so schwierig zu behandeln, daß die Pferde oft in eine spezialisierte Klinik überwiesen und dort dann operiert werden müssen.

Die Erste-Hilfe-Maßnahmen bestehen darin, daß der Huf sorgfältig gereinigt und der Nagel herausgezogen wird. Die Einstichstelle ist zu markieren und die Einstichlänge und Einstichrichtung des Nagels möglichst schriftlich festzuhalten. Diese Angaben sind für den Tierarzt wichtig, damit er bei der weiteren Behandlung richtig vorgehen kann. Mit einem geeigneten Instrument, zum Beispiel einem Hufrinnmesser, wird ein kleiner Trichter bis an die unter der Hornsohle liegenden Huflederhaut geschnitten. Diesen Trichter füllt man mit einem Desinfektionsmittel, zum Beispiel Betadinelösung, und deckt ihn mit einer sauberen Wundkompresse ab. Darüber legt man einen abdeckenden und schützenden Hufverband an und benachrichtigt umgehend den Tierarzt.

- **Verletzungen im Bereich der Hornkapsel**

Kron- und Ballentritte

Unter Kron- und Ballentritten verstehen wir Verletzungen im Bereich des Kronsaumes des Hufes. Dabei wird die Hornkapsel beschädigt, und auch die darunterliegende Huflederhaut kann mitverletzt werden. Dadurch bluten diese Verletzungen und sind sehr schmerzhaft. Sie werden meistens durch das Hufeisen eines anderen Beines oder eines anderen Pferdes verursacht und kommen an den Vorderbeinen wesentlich häufiger vor als an den Hinterbeinen; sie sind vor allem dann sehr tief, wenn sie durch scharfe Stollen verursacht wurden. Aus diesem Grunde sollten Stollen beim Transport immer entfernt werden.
Als Erste-Hilfe-Maßnahme sollten zunächst kleine abstehende Hornteile an der Basis weggeschnitten werden, wozu eine kräftige Schere oder ein Rinnmesser erforderlich ist. Weil das Horn selber keine Nervenfasern und keine Blutgefäße besitzt, empfindet das Pferd dabei keine Schmerzen, und diese «Operation» verursacht auch keine zusätzlichen Blutungen. Anschließend muß die Wunde gereinigt und desinfiziert werden (siehe Seite 67). Danach wird ein desinfizierender Hufverband

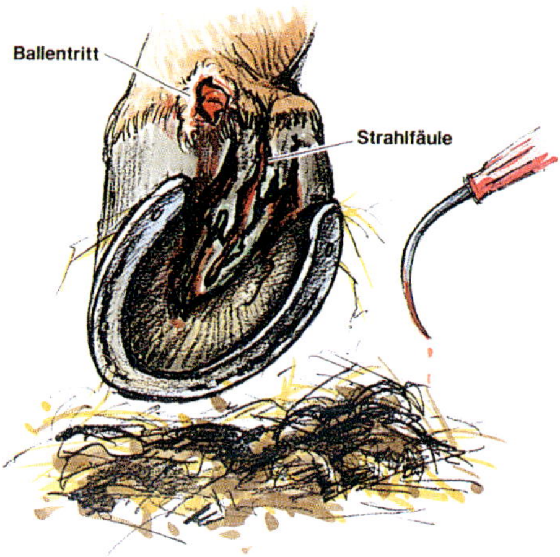

Verletzung der Huftlederhaut in den Strahlfurchen bei Strahlfäule

angelegt und je nach Schweregrad der Verletzung und nach Notwendigkeit einer Tetanusspritze der Tierarzt verständigt.
Da bei Krontritten auch hornbildende Strukturen beschädigt werden können, besteht die Gefahr, daß sich nach einiger Zeit Hornspalten oder Hornklüfte bilden.

Verletzungen der Strahlfurchen

Schlechte Pflege der Einstreu und mangelhafte Hornqualität schaffen die Voraussetzungen für Strahlfäule. Wenn dann noch die Strahlfurchen unvorsichtig mit einem spitzen Gegenstand ausgeräumt werden, kann es zu einer blutenden Verletzung kommen.
Die Behandlung der Strahlfäule erfolgt mit Kupfervitriol oder anderen trocknenden Substanzen beziehungsweise Medikamenten. Weitere wichtige Maßnahmen sind die sorgfältige Säuberung der Einstreu und das vorsichtige Auskratzen der Hufe.

Ein verbogenes, nur unvollständig abgerissenes Eisen muss so rasch wie möglich entfernt werden

Eingetretene Fremdkörper

Manchmal werden Fremdkörper wie Steine, Holz- und Metallteile in den Strahlfurchen, in der weißen Linie oder zwischen Huf und Hufeisen eingeklemmt. Diese müssen soweit wie möglich entfernt werden. Falls das Pferd anschließend nicht mehr lahmt, kann es wieder normal bewegt werden. Ansonsten muß schnellstmöglich ein Tierarzt zu Rate gezogen werden.

Abgerissene Eisen

Bei schlechten Bodenverhältnissen, schlechtem Beschlagszustand und auch bei mangelhafter Hornqualität sowie durch Hängenbleiben kann ein Hufeisen unvollständig oder vollständig abgerissen werden. Dabei werden die an der Nagelspitze umgenieteten Hufnägel durch den Nagelkanal ausgerissen oder umgebogen und können so die Lederhaut verletzen oder sogar in die Hornkapsel eindringen. Nicht selten treten die Pferde dann noch in die Zehenkappe des verbogenen oder nunmehr schief aufsitzenden Hufeisens. Dadurch entsteht eine schmerzhafte Schnittverletzung im vorderen Bereich der

Schlagverletzungen sind sehr gefährlich und werden häufig unterschätzt.

Hornsohle. Diese Verletzungen verursachen heftige Schmerzen, weshalb die Pferde in der Regel auch eine starke Lahmheit zeigen. Außerdem besteht die Gefahr, daß Bakterien bis in die Lederhaut eindringen, wodurch ein Hufabszeß entstehen kann (S. 54).
Als erste Maßnahme sollte das Eisen vollständig entfernt werden. Die noch im Huf steckenden Hufnägel zieht man vorsichtig heraus. In bestimmten Fällen ist es auch vorteilhaft, einen Hufverband oder einen Hufschuh anzulegen, damit nicht Teile der Hornkapsel wegbrechen. Je nach Verletzung der Lederhaut muß der Tierarzt konsultiert werden. Anschließend sollte so rasch wie möglich der Hufschmied verständigt werden, damit er das Hufeisen wieder aufnageln kann.

- **Verletzungen an den Gliedmaßen infolge besonders starker Gewalteinwirkung (Zug und Druck)**

Beim Pferd werden infolge seines beträchtlichen Gewichtes

und seiner hohen Bewegungsgeschwindigkeit riesige kinetische Energien freigesetzt. Diese führen zu massiven Beschädigungen, denen wiederum der ungeschützte untere Teil der Gliedmaßen in besonderem Maße ausgesetzt ist. Demzufolge kommt es zu starken Zugbelastungen auf die Sehnen (siehe auch Seite 28) und zu Druckbelastungen auf die äußerst harten, aber sehr spröden Knochen, die unter einer riesigen Vorspannung stehen. Fehltritte oder Hufschläge, besonders mit beschlagenen Hufen oder gegen Stoßstangen von Autos, also Schläge auf ungepolsterte, ungeschützte Gliedmaßenteile wie Zehenknochen, Mittelfuß, Vorarm und Unterschenkel, können explosionsartige Berstungen der Knochen bewirken, die man in einem großen Umkreis als Knall wie das Mündungsfeuer eines Gewehrschusses wahrnehmen kann. Diese Verletzungen kommen leider sehr häufig vor und wären zu vermeiden, wenn die Pferdebesitzer bedenken würden, daß das Pferd bekanntlich ein Herdentier ist - und für ein geordnetes Zusammenleben in der Herde ist eine gewisse Hierarchie erforderlich. Diese Hierarchie muß sich durch Rangkämpfe etablieren, die in Form von Drohen, Beißen und auch mit Hufschlägen ausgeführt werden. Solche Verletzungen sind bei den in freier Natur lebenden Pferden selten sehr gravierend, weil die Pferde erstens nicht beschlagen sind und zweitens auch genügend Platz zum Ausweichen haben. Außerdem sind Pferdewechsel in diesen Pferdeherden sehr selten. Die Haltung der domestizierten Pferde in unserer Zeit ist mit den natürlichen Bedingungen nicht zu vergleichen.

Zerrungen an Sehnen und Bändern des Stützapparates der Gliedmaße

Bei einer Sehnen- oder Bänderzerrung zerreißt eine unterschiedlich große Anzahl von Sehnenfasern. Je nach Anteil der zerrissenen Fasern variieren die nachfolgenden, reparativen Entzündungen und die damit verbundenen klinischen Symptome von leichtem Druckschmerz mit kaum sichtbarer Bewe-

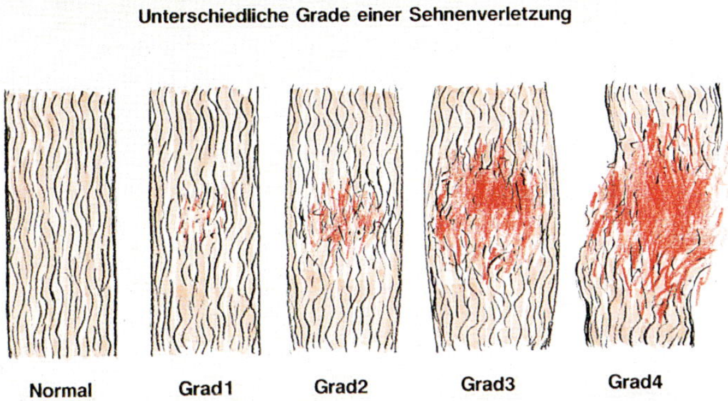

Schema der verschiedenen Grade von Faserzerreißungen in den Sehnen

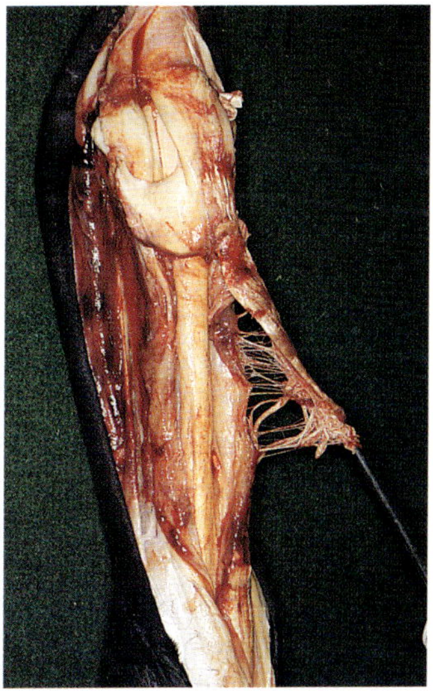

Sektionsbild einer gerissenen Sehne

gungsstörung bis zu hochgradigen Schmerzen mit der Weigerung, die Gliedmaße noch zu belasten. Diese Zerreißungen können durch eine plötzliche Über- oder Fehlbelastung der betroffenen Gliedmaße entstehen. In den häufigsten Fällen aber führt eine Ermüdung des zugehörigen Muskels zu einer übermäßigen Belastung der Sehne, wodurch diese Faserrisse hervorgerufen werden. Die Beugesehnen und die Unterstützungsbänder sind beim Pferd viel häufiger betroffen als die Strecksehnen.

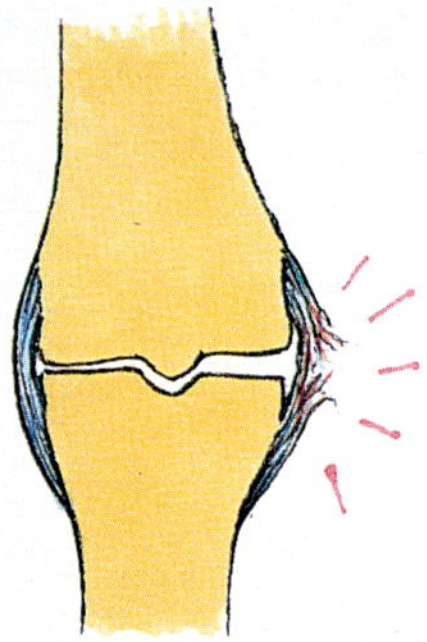

Schema einer Bänderruptur am Beispiel des Seitenbandes des Fesselgelenkes

Als Erste-Hilfe-Maßnahme sollte die entzündete Region stark gekühlt werden. Dazu eignet sich kaltes Wasser aus dem Wasserschlauch recht gut; eine bessere Kühlung kann mit besonderen Kühlelementen, Kühlbandagen oder Kühlgamaschen erreicht werden. Die Kühlung muß bis zum Eintreffen des Tierarztes fortgeführt werden. Das Pferd darf in den ersten Tagen nicht bewegt werden, weil sich dabei die Entzündung verschlimmern könnte. In allen Fällen sollte der Tierarzt verständigt werden, der durch weitere Untersuchungen wie Ultraschall den Schweregrad beurteilen und über das weitere Vorgehen entscheiden kann.

Verletzungen von Gelenkbändern und Gelenkkapseln

Bei einer massiven Zerrung eines Gelenkbandes und der Gelenkkapsel kommt es ebenfalls zu Zerreißungen der entsprechenden Fasern. Ein Trauma kann so stark sein, daß es zu einem Ausrenken des Gelenkes mit einer vollständigen Zerreißung der Gelenkkapsel und der Gelenkbänder kommt. Bei einem totalem Ausrenken spricht man von einer Gelenksluxation. Die betroffene Region des Beines schwillt rasch und stark an und reagiert auf Druck und Drehung sehr schmerzhaft.
Das Pferd sollte nicht mehr bewegt und die betroffene Region des Beines rasch und lange gekühlt werden (siehe auch Seite 103). Der Tierarzt muß ebenfalls verständigt werden, um das Ausmaß der Verletzung zu beurteilen und die weitere Behandlung einzuleiten. Bei schweren Fällen kann auch eine Operation in einer spezialisierten Pferdeklinik erforderlich sein.
Eine gefürchtete Ursache für das Ausrenken von Zehengelen-

Niveau-Bahnübergänge können für das Pferd sehr gefährlich sein.

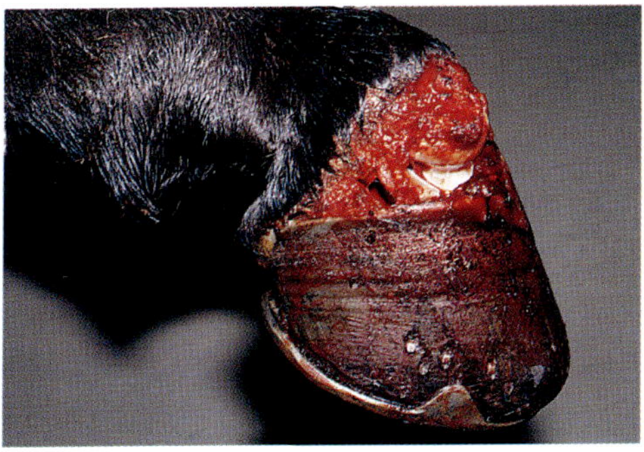

Eröffnung des Hufgelenkes mit Bänderruptur, nachdem das Bein in einer Wasserablaufrinne verkeilt war.

ken ist das Festklemmen in Eisenbahnschienen, Kanalschächten oder Wasserablaufrinnen. Je nach Situation, Charakter des Pferdes, Reitgeschwindigkeit und Glück können unterschiedlich dramatische Verletzungen entstehen – von kleinen Schürfwunden bis hin zum vollständigen Ausrenken mit Bänderrupturen und sogar Frakturen der einzelnen Zehenknochen. Bei solchen sogenannten Schienenverletzungen ist in jedem Fall sofort ein Tierarzt zu rufen.

Knochenrisse (Fissuren) und Knochenbrüche (Frakturen)

Die bereits erwähnten starken Traumen können je nach Situation zu unterschiedlichen Verletzungen der Knochen führen.

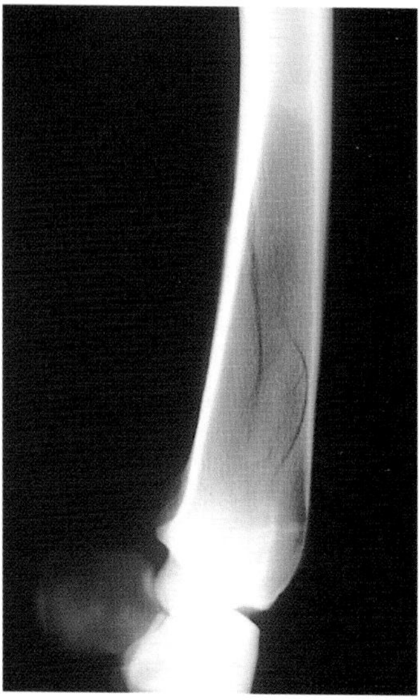

Knochenriß im Unterarmknochen

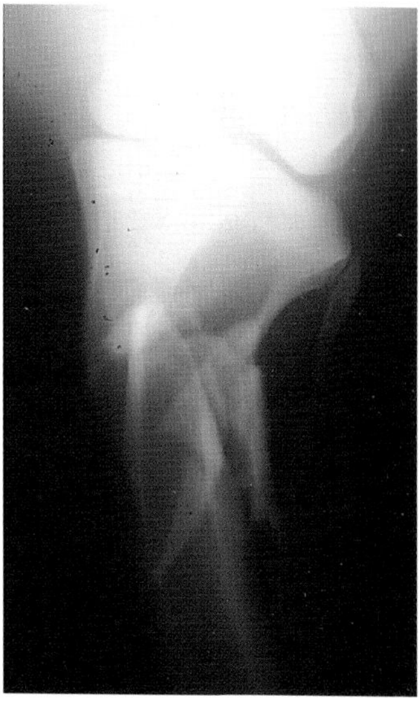

Knochenbruch des Unterschenkelknochens

Beim Knochenriß ist der Knochen «nur» angerissen, so daß er noch etwas stabil und nicht in mehrere Teile auseinandergebrochen ist. Bei der Fraktur dagegen ist der Knochen vollständig gebrochen, so daß mehrere Knochenteile entstanden sind. In beiden Fällen weisen die Pferde eine hochgradige Lahmheit auf, sobald ein Gliedmaßenknochen betroffen ist.

Der *Knochenriß* ist sehr schwierig zu diagnostizieren, weil neben der hochgradigen Lahmheit nur wenige Veränderungen am betroffenen Bein zu finden sind. Beim Vorliegen eines Knochenrisses besteht immer das große Risiko, daß daraus ein vollständiger Knochenbruch entstehen kann. Damit verschlechtert sich die Chance, das Pferd erfolgreich behandeln oder operieren zu können. Aus diesem Grund muß das Pferd

bei Verdacht auf einen Knochenriß sehr vorsichtig behandelt werden, bis diese Vermutung ausgeräumt werden konnte. Dazu sind oft mehrere Röntgenbilder von hoher Qualität mit verschiedenen Aufnahmerichtungen erforderlich.
Pferde, bei denen der Verdacht auf einen Knochenriß besteht, müssen so behandelt werden, als ob der Knochen gebrochen wäre (siehe unten).
Beim *Knochenbruch* entstehen mehrere Knochenteile, die auch sehr gut beweglich sind, so daß das Bein ungewöhnliche Winkelungen und Stellungen einnehmen kann. Die Diagnose eines Knochenbruches bereitet daher in der Regel keine großen Schwierigkeiten. Bei einem Knochenbruch entstehen häufig sehr spitze Knochenteile, die die dünne Haut der Pferde leicht durchstechen können. Dadurch entsteht ein sogenannter «offener Bruch». Die offenen Knochenbrüche der langen Gliedmaßenknochen sind sehr gefürchtet, weil deren Behandlung äußerst schwierig, sehr aufwendig und in manchen Fällen gar nicht mehr möglich ist.
Ein Pferd mit einem gebrochenen Gliedmaßenknochen benötigt eine rasche und korrekte Erste Hilfe, damit nicht die erwähnten zusätzlichen Probleme entstehen, die eine erfolgreiche Behandlung von Anfang an zunichte machen.
Für das Pferd ist das gebrochene Bein nicht nur sehr schmerzhaft - die Verletzung versetzt das Tier auch in großen Streß. Daher muß durch gute Betreuung versucht werden, das Pferd zu beruhigen. Außerdem darf das Pferd überhaupt nicht mehr bewegt werden, und man sollte an Ort und Stelle einen stabilisierenden Verband am betroffenen Bein anbringen. Dieser Verband besteht zunächst aus einer guten Wattepolsterung, die dann mit elastischen Binden fixiert wird. Am Ende werden verschiedene Schienungsmaterialien auf den Verband fixiert, wodurch der gebrochene Knochen und die beiden benachbarten Gelenke ruhiggestellt werden. In allen Fällen sollte schnellstmöglich der Tierarzt gerufen werden.

VI. VERBANDSLEHRE

Verbände werden schon seit alters her bei Erkrankungen und Verletzungen von Mensch und Tier verwendet. Sie haben unterschiedliche Namen und Bezeichnungen, je nach dem Zweck, zu dem sie angebracht werden, nach dem Ort, an dem sie angelegt werden und nach dem Material, das man verwendet. Beim Pferd sind sie wegen der Größe und der Kraft des Patienten oft problematisch. Pferde beschädigen Verbände allerdings nur sehr selten durch Benagen und Zerreißen wie Hunde und Katzen. Wenn sie in Ausnahmefällen doch ein solches Verhalten zeigen, so ist dies meist ein Indiz dafür, daß mit der Wundheilung etwas nicht stimmt oder daß der Verband drückt und sofort gelöst und/oder gewechselt werden muß.

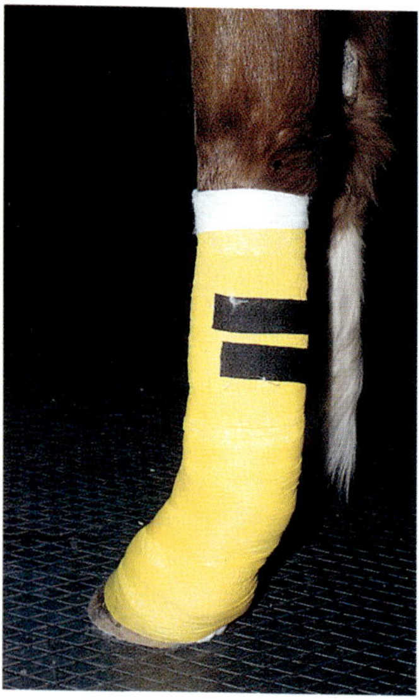

Beispiel eines Röhrenverbandes mit Vetrap

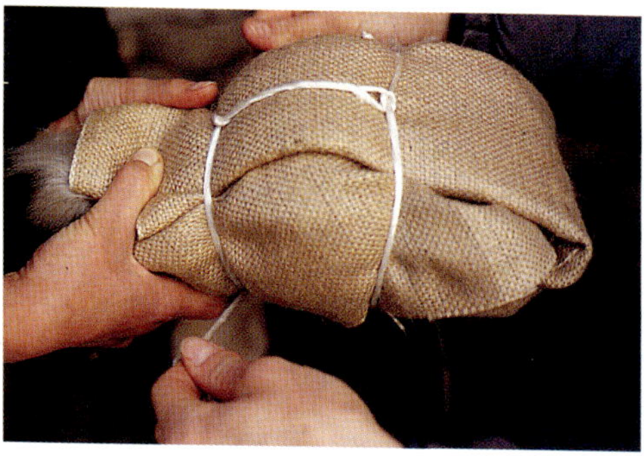

Beispiel eines Hufverbandes mit einem Jutesack

1. Die verschiedenen Verbände

- Wund- oder Deckverband
  (feucht oder trocken, siehe auch Seite 67)

Zweck: Schutz einer Wunde vor äußeren schädigenden Einwirkungen, Vorbeugung und Reduzierung von Schwellungen, Desinfektion des Wundgebietes, Vorbereitung des Operationsfeldes oder Einweichen des harten Hornschuhs vor dem Ausschneiden eines Abszesses

Ort: vor allem Gliedmaßen, eventuell Rumpf

Material: Wundabdeckung (steril), Gazetupfer, Watte (möglichst mit Vlies bedeckt), nicht elastische (Huf) oder elastische (übrige Körperstellen) Fixierungsbinden in diversen Breiten (zehn bis 30 Zentimeter), nicht elastisches Klebeband (Tesaband) und elastische Klebebinden (Tensoplast)

Wichtige Tips für den Wund- oder Deckverband

- Baumwollwatte mit geeignetem Desinfektionsmitttel anfeuchten (zum Beispiel verdünnte Betadinelösung, also jodhaltiges Desinfektionsmittel)
- keine Seifen, nie Kreolin für den Huf verwenden, da es zu aggressiv für die Haut ist und deshalb in der Fesselbeuge nach Hufverbänden langwierige Mauken entstehen
- bei akuten Traumen: eisgekühltes Wasser
- bei älteren Schwellungen ohne Hautverletzung: Baumwollwatte getränkt mit verdünntem Alkohol, verdünntem Essig, Burowlösung, Auflegen von Essigsaurer Tonerde, Lehm, Kataplasmen und so weiter

• **Schutzverband**

Zweck: Schutz vor Anschlagen oder vor anderen Verletzungsursachen, etwa beim Reiten im Gelände oder beim Transportieren. Ein Schutzverband dient auch der Polsterung, zum Beispiel als Hufverband bei akuter Hufrehe, oder als Schutz nach Abreißen der Eisen, damit die Hufwände nicht ausbrechen, bis das neue Eisen aufgenagelt ist

Ort: Gliedmaßen, Kopf, Schweifrübe

Material: Polsterwatte, Bandagekissen, elastische Bandagen, Hufverband, Schnur oder Band, Wollbandagen

• **Druckverband (siehe auch Seite 63)**

Zweck: Stillen von starken Blutungen

Ort: Blutung aus zuführenden Gefäßen wird durch Druck gestoppt, indem man auf die Wunde selbst ein Bündel Tupfer legt und darüber einen straffen Deckverband anbringt, oder indem man oberhalb der Verletzung eine Gazerolle auf die zuführenden Gefäße drückt

Material: wie Deckverband

• **Verband zur Ruhigstellung und Stabilisierung**

Zweck: Ruhigstellen, Entlasten, Stabilisieren bei schweren Bänder- und Sehnenverletzungen sowie bei Knochenbrüchen

Ort: Gliedmaßen

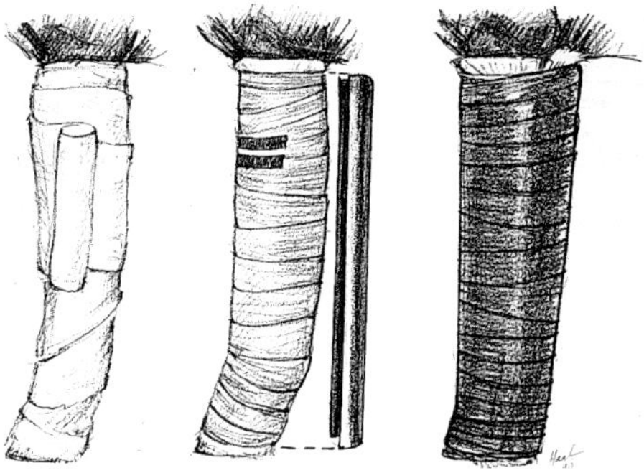

Immobilisierender Verband mit einer PVC-Schiene am Vorderbein

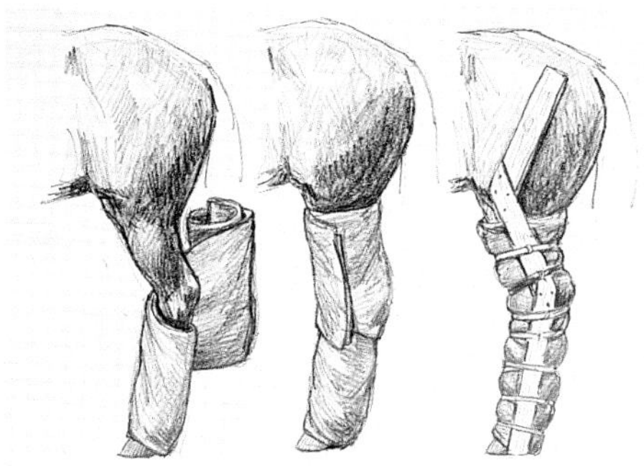

Immobilisierender Verband mit improvisiertem Material (Wolldecke, Holzbrett) am Hinterbein

Material: je nach Situation, das heißt je nach Grad der notwendigen Ruhigstellung und Gewicht des Patienten. Sehr wichtig ist genügend Polstermaterial. Die Schiene muß immer das Gelenk oberhalb und das Gelenk unterhalb des Bruchs ruhigstellen (immobilisieren) und darf nicht rutschen.

2. Wichtige Punkte, die bei Verbänden und Schienungen beachtet werden müssen

Jeder Verband und jede Schienung muß mindestens zweimal täglich kontrolliert werden, wobei auf folgendes zu achten ist:

- **Am angelegten Verband:**

- lokal: übler Geruch, nasse Stellen, Verfärbungen
- allgemein: Temperaturerhöhung, Freßunlust, Lahmheit
- Einschnüren: Schwellung oberhalb des Verbandes? Kann man am oberen Ende des gepolsterten Verbandes mit mindestens zwei Fingern hineingreifen (Stauung)?
- Unversehrtheit des Verbandes und der Schiene, Verrutschen, Leck- und Beißspuren
- vermehrtes Entlasten, Unruhe, Scharren, Schlagen

- **Beim Verbandswechsel:**

- Sind außer dem Wundgebiet noch andere Stellen überwärmt, feucht oder schon kalt und hart, was auf eine Druckstelle hinweist?
- Gefährdete Stellen für Druck sind alle Regionen, an denen die Haut direkt, das heißt ohne polsternde Unterhautstrukturen, Schleimbeutel oder Muskulatur auf Knochen oder Sehnen aufliegt. Druckstellen der Häufigkeit nach geordnet: Ballenregion, Kronsaum, Erbsenbein, Fersenbein, Fersensehnenstrang, Gleichbein, Beugesehnen.

Ein Verband oder eine Schiene, die schlecht sitzen, rutschen oder brechen, weil sie schlecht gepolstert, ungenügend befestigt oder zu wenig stabil sind, richten mehr Schaden an als sie helfen!

3. Technik des Anlegens

Hufverband bis zum Fesselkopf am aufgehobenen Pferdebein
a Polsterung der Sohle
b Abrollen der Watte über die Zehenspitze und Polsterung des Kronsaumes und der Ballen bis unterhalb des Fesselgelenkes
c Entsprechendes Fixieren mit nicht elastischer Gazebinde an der Sohlenfläche

a

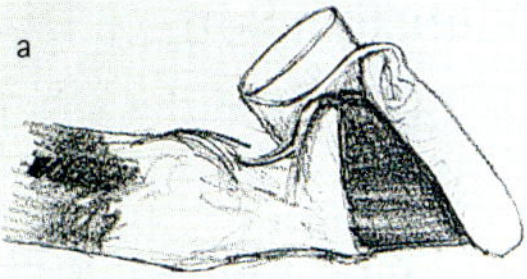

b

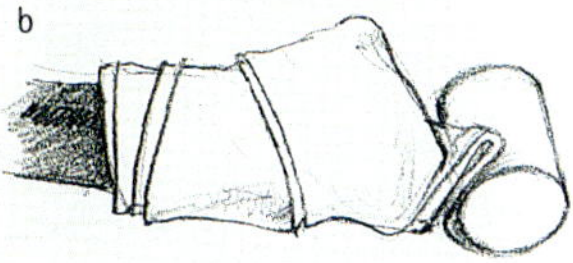

c

Variante 1 des Abschlusses
(rechts unten)
a Sattes Anlegen des Jutesackes
b Einfalten des überstehenden Jutesackes wie bei einem Paket
c Anlegen einer Strohschnur vom Saum bis zur breitesten Stelle des Hufes und nach Zusammendrehen der Enden Hinaufführen in die Fesselbeuge, Festbinden über dem Jutesackende

a

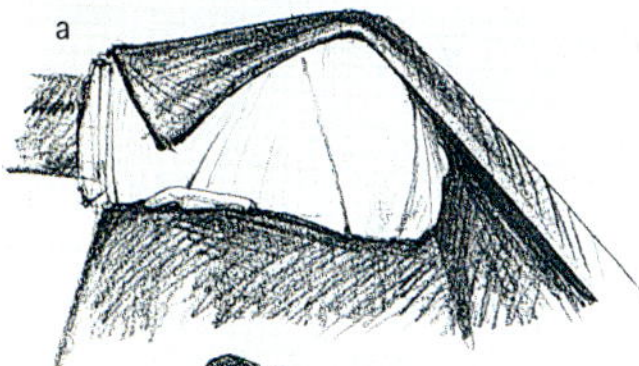

b

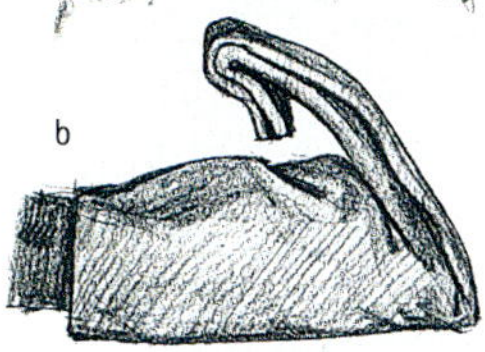

c

Variante 2 des Abschlusses
(links unten)
Fixieren des Hufverbandes mit elastischer Klebebinde und Schutz gegen Feuchtigkeit mit Tesaband

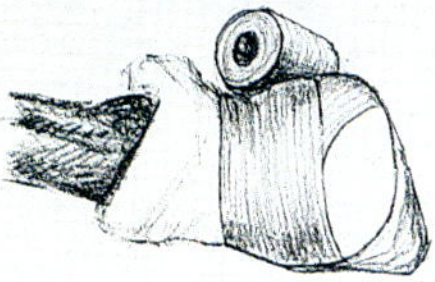

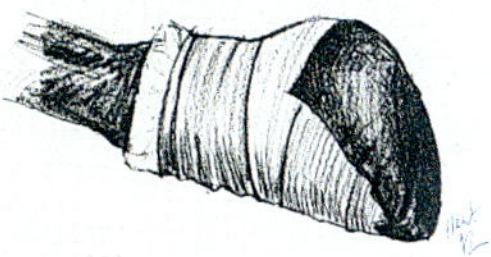

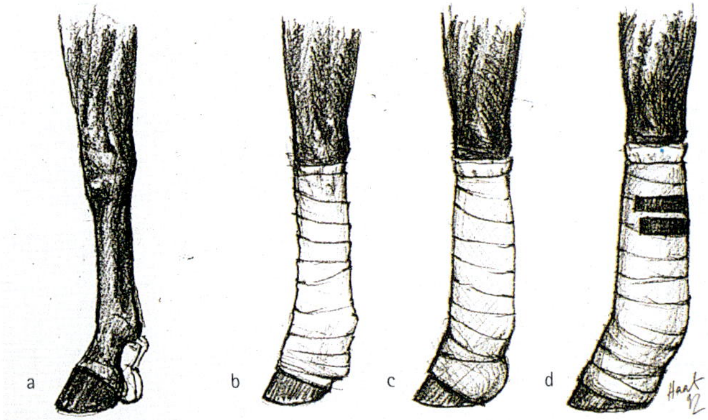

Röhrenverband am Vorderbein bis zum Vorderfußwurzelgelenk (am Hinterbein analog)
a Polsterung der Fesselbeuge
b Wattepolsterung vom Huf bis unter das Vorderfußwurzel- beziehungsweise Sprunggelenk, circa drei bis vier Zentimeter dick, besonderes Augenmerk auf Kronsaum und Gleichbeingegend sowie Polsterung der Ballen
c Elastische Binde unter Freilassung eines Wattebandes von mindestens drei Zentimetern unter dem Vorderfußwurzel- beziehungsweise Sprunggelenk: kein Watterand am Huf
d Sicherung mit Tesastreifen

Stallbandagen
a Mit Wollbandage auf Höhe der Röhre beginnen
b Bis auf den Huf hinunter wickeln
c Auf Höhe der Röhre beenden, mit Klettverschluß oder angenähtem Bändchen fixieren.

Arbeitsbandagen
a Nach leichter Polsterung z. B. mit einem Bandagekissen mit elastischer Bandage auf Höhe der Röhre beginnen
b Bis über den Sporn hinunter wickeln
c Auf Höhe der Röhre beenden, mit Klettverschluß oder mit angenähtem Bändchen fixieren und mit Tesaband sichern

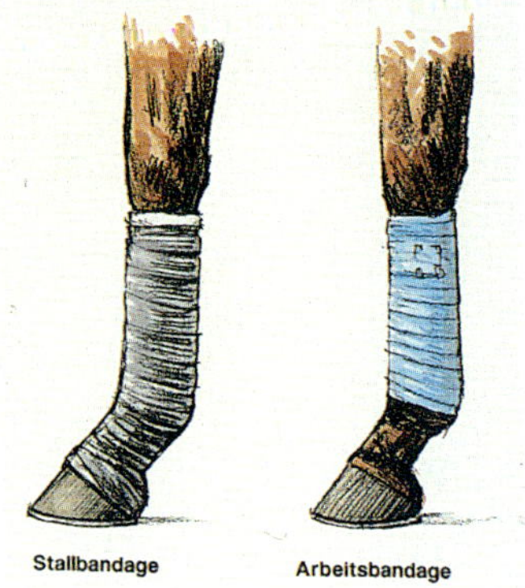

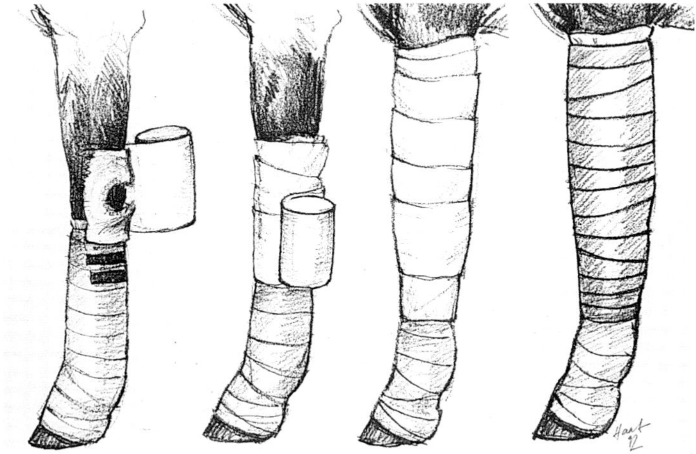

Hoher Verband bis zum Ellbogen- beziehungsweise Kniegelenk, hier am Vorderbein

a Beginn auf dem als Stütze dienenden unteren Verband. Aussparen über dem Erbsenbein beziehungsweise Freilassen eines Spaltes über dem Fersenhöcker; b Gut polstern mit Watte oder Schaumgummi über dem Erbsenbein beziehungsweise dem Fersenhöcker; c Anbringen der Watte und der Binde unter Freilassen eines breiten Wattebandes oben; d Ganzer Verband, fünf bis sechs Zentimeter dick

Hoher Verband am Hinterbein

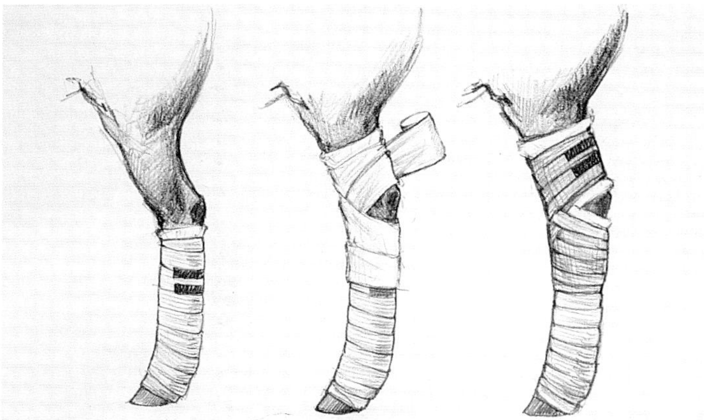

VII. DIE BERGUNG VON SCHWERVERLETZTEN PFERDEN

Schwere Unfälle beziehungsweise solche, bei denen eine derartige Rettungskette zum Einsatz kommen kann, sind beispielsweise schwere Verkehrsunfälle, vor allem auf Autobahnen, dazu das Einbrechen von Pferden in Jauchegruben, Silos, Haus- und Scheunendächer, das Einsinken in Mooren, Stürze in Flüsse, Gräben oder Kanäle sowie das Abrutschen in unwegsamen Schluchten. Bei all diesen Unfällen liegt das Problem in der komplizierten Bergung des Pferdes. * In den meisten Fällen wird die Unfallstelle mit einem Fahrzeug erreichbar sein, so daß die Bergung mit Traktoren oder Feuerwehrfahrzeugen durchgeführt werden kann. In Fällen, in denen dies nicht möglich ist, muß der Situation entsprechend ein Helikopter angefordert werden.
Bei der Rettung eines schwerverletzten Pferdes muß dem ausgesprochenen Fluchtinstinkt, dem hohen Körpergewicht und den überaus großen Körperkräften stets Rechnung getragen werden. Es lohnt sich, einen kühlen Kopf zu bewahren und sich an das folgende Ablaufschema zu erinnern:

* Durch Vermittlung des Vereins für Pferdesamariter und Pferderettungswesen kann in der Schweiz unter der über 24 Stunden besetzten Telefonnummer der Tierambulanz Schweiz, 155 70 10, die Rufnummer eines in der Nähe der Unfallstelle praktizierenden Tierarztes erfragt werden. Dieser wird dann an die Unfallstelle kommen und die weiteren Rettungsmaßnahmen wie Aufbieten der Feuerwehr und nötigenfalls eines REGA-Helikopters in die Wege leiten.

1. Schema einer Pferdebergung

- Beurteilung der Situation an Ort und Stelle
- Auflisten aller zur Verfügung stehenden Möglichkeiten
- Absicherung gegen Folge- und Sekundär-Unfälle
- Selbstschutz
- Alarmierung: eigene Stallgemeinschaft, Tierarzt, Polizei, Feuerwehr, Pferdeambulanz, weitere Hilfskräfte
- Planung der Bergungsaktion
- Bereitstellen der notwendigen Geräte und des Materials
- Abwarten, bis die Hilfskräfte eingetroffen sind
- Ruhige Durchführung der Bergung gemäß Planung, wobei besonders zu beachten ist, daß der Bauchgurt bei Anheben des Pferdes ausreichend mit einem Vorder- und einem Hintergeschirr gesichert ist
- Lebensrettende Sofortmaßnahmen entsprechend eigenem Ausbildungsstand und Betreuung des Pferdes
- Kurze Allgemeinuntersuchung (siehe Seiten 46 bis 52)
- Transportbereitschaft sicherstellen
- Verladen in improvisierte oder eingerichtete Pferdeambulanz beziehungsweise Helikopter

Eine unsachgemäße Bergung oder ein ungesicherter Transport eines verletzten Pferdes können jede Hoffnung auf ein erfolgreiches Resultat der Rettung zunichte machen!

2. Anleitung zum Transport mit Fahrzeug

Für den Transport eines verletzten Pferdes sollte der Pferdetransporter folgende Anforderungen erfüllen:

- Der Anhänger oder der Transporter muß in einem technisch tadellosen Zustand sein und mindestens zwei Pferden Platz bieten.

Massiver Alu-Anhänger für zwei Pferde

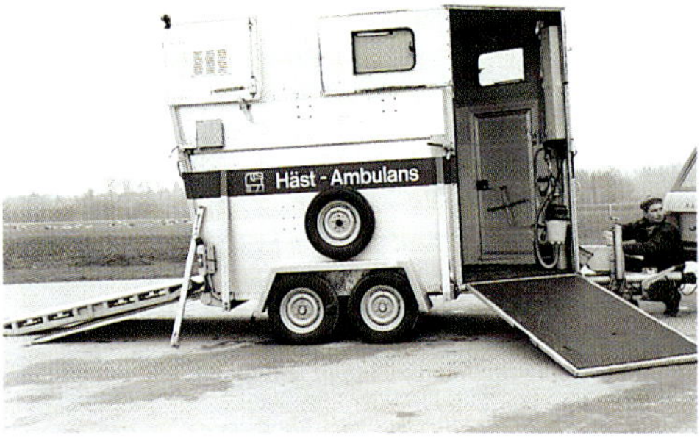

Pferd mit Aufhängegurten gesichert

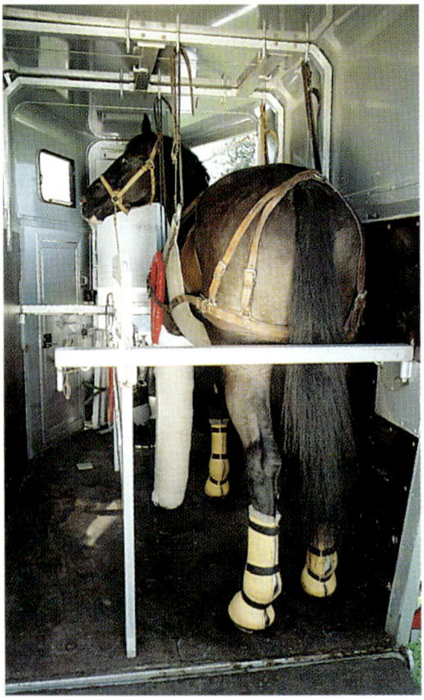

- Wünschenswert sind möglichst sanft ansteigende Rampen mit einem rutschfesten Bodenbelag für das Ein- und Ausladen. Ambulanzfahrzeuge müssen über eine Aufhängevorrichtung verfügen, mit der ein Pferd während des Transportes gestützt werden kann.
- Es ist von Vorteil, wenn liegende Pferde mit einer speziellen Vorrichtung, zum Beispiel einer Seilwinde, auf einer Plane oder auf einer Bahre in den Transporter gezogen werden können.

Ein- und Ausladen für einen Stehendtransport

Nachdem das Pferd medizinisch versorgt und der Jahreszeit entsprechend eingedeckt wurde, fährt man mit dem Transportfahrzeug möglichst nah an das Pferd heran. Transportgamaschen an den Hinterbeinen sollten den Pferden nur dann

angelegt werden, wenn die Pferde auch an diese gewöhnt sind. Es empfiehlt sich, dem Pferd zum Einladen über dem Transporthalfter eine Trense oder ein Steigegebiß anzulegen, damit man es beim Verladen besser unter Kontrolle hat.
Das Einladen kann mit zwei Longen deutlich erleichtert werden. Die eine Longe wird an der Außenwand und die zweite hinten an der zur Seite gestellten Mittelwand befestigt. Dadurch erreicht man, daß sich das Pferd beim eventuellen Hineinspringen in den Transporter nicht an der Ecke der Mittelwand verletzen kann. Eine Person führt das Pferd in den Transporter, wobei sie sich immer hinter Augenhöhe des Pferdes aufhalten sollte. Wenn genügend Helfer zur Verfügung stehen, kann das Pferd mit Gurten, zum Beispiel Sattelgurten, beidseitig hinter den Ellbogen unterstützt werden. Zwei weitere Personen halten die Longen zunächst als Führleinen parallel zum Pferd und kreuzen diese, wenn mindestens der Kopf und der Hals des Pferdes im Transporter sind. Kreuzt man vorzeitig, so dreht sich das Pferd auf der Rampe zur Seite. Auf keinen Fall dürfen die Longen dazu verwendet werden, das Pferd in den Hänger zu ziehen! Sie können dann bis zu den Sprunggelenken herunterrutschen, wodurch die Hinterbeine des Pferdes nach vorne weggezogen werden. Das Pferd kann sich in der Folge rückwärts überschlagen! Falls das Pferd kurz vor Betreten der Rampe anhält, kann es von zwei Personen, die sich die Arme reichen, in Richtung Transportereingang geschoben werden. Dabei sollte man möglichst nah am Pferd stehen. Einmal erreicht man dadurch eine gute Kraftübertragung, und zum zweiten wird die Auswirkung einer eventuellen Verteidigung des Pferdes durch einen Schlag wesentlich gemildert.
Im Transporter wird dann das Zaumzeug entfernt und das Pferd nach dem Schließen der hinteren Stange so angebunden, daß es sich mit dem Hals während der Fahrt ausbalancieren kann. Ist eine Aufhängevorrichtung vorhanden, so wird der Bauchgurt angelegt und das Vorder- und Hintergeschirr fest angezogen, damit das Pferd nicht aus dem Gurt rutschen kann. Es ist vorteilhaft, wenn die Mittelwand hinten breiter gestellt

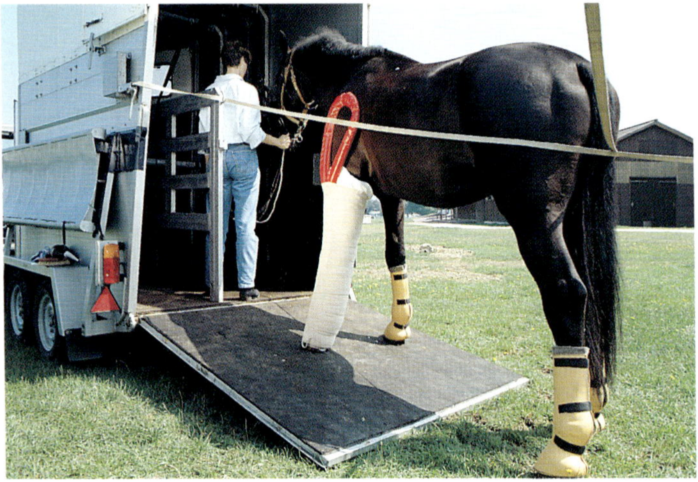

Einladen eines Pferdes mit beidseitig angebrachten Longen

Kreuzen der Longen, nachdem Kopf und Hals im Transporter sind

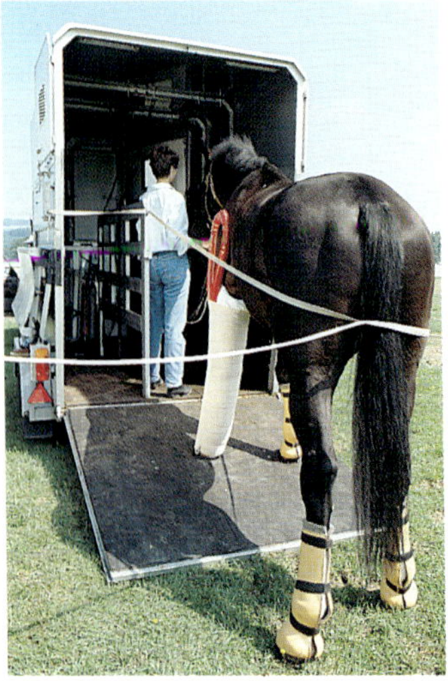

Nie das Pferd mit den Longen hineinziehen, sondern höchstens mit den Armen hineinschieben!

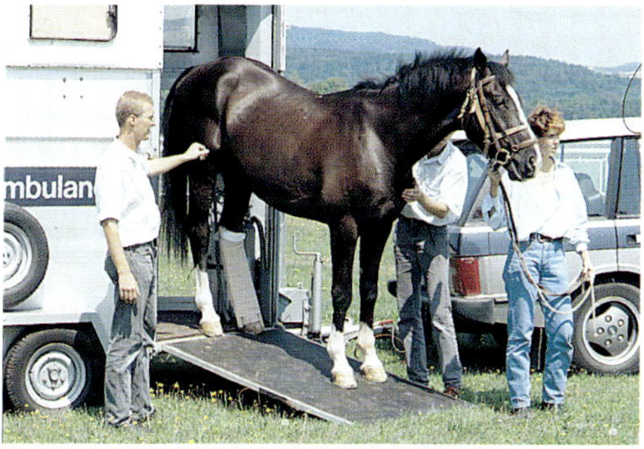

Immer mit den unverletzten Gliedmaßen voraus ausladen!

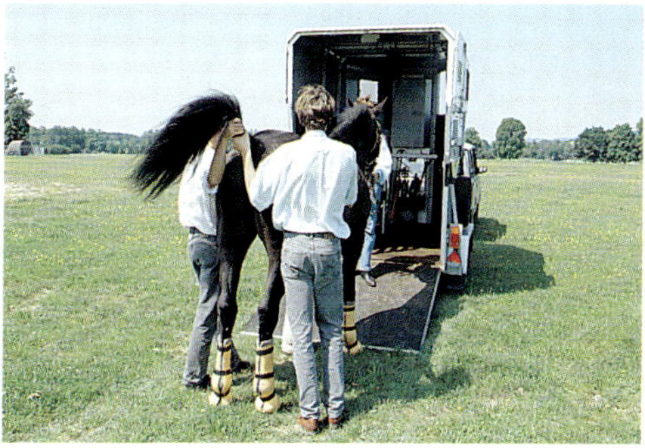

Beim Rückwärtsausladen soll das Pferd durch Hochdrücken der Schweifrübe gestützt werden.

werden kann, damit sich das Pferd mit etwas breitbeiniger Nachhandstellung in den Kurven besser ausbalancieren kann. Prinzipiell soll das Pferd mit den unverletzten Vorder- oder Hinterbeinen voraus ausgeladen werden. Deshalb ist es sehr günstig, wenn das Transportfahrzeug über einen Vorderausstieg verfügt. Ist kein solcher Ausstieg vorhanden, so kann man versuchen, das Pferd im Transporter zu wenden, was aber nur bei kleineren Pferden gelingt. Liegt eine Verletzung der Hintergliedmaßen vor und ist das Vorwärtsausladen und das Wenden nicht möglich, so muß das Pferd sorgfältig rückwärts geschoben werden. Man kann es dabei durch kräftiges Aufwärtsdrücken der Schweifrübe etwas unterstützen.

Plane für die Bergung und den Liegendtransport (nach Schüle)

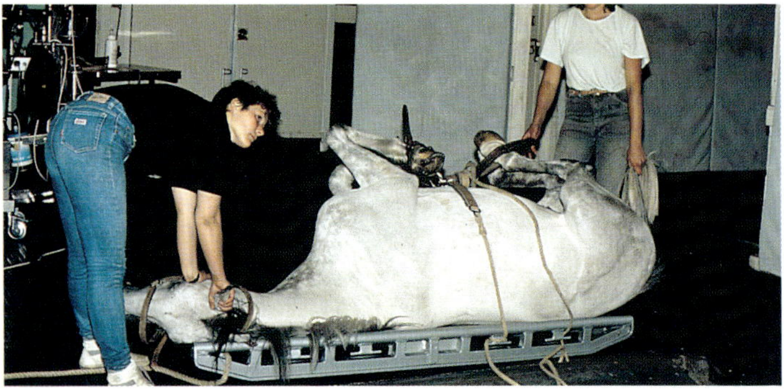

Aluminiumbahre mit zwei kleinen Rädern

Berliner Wurfzeug zum Einfesseln der Gliedmaßen

Die Fahrweise

Es ist wichtig, auf eine gleichmäßige Fahrweise mit sanftem Anfahren und besonders behutsamem Bremsen zu achten. Außerdem müssen die Kurven sorgfältig ausgefahren werden. Bei schweren Verletzungen an den Vordergliedmaßen und längeren Transporten ist es vorteilhaft, das Pferd rückwärts zu transportieren. Dadurch kann es mit den intakten Hinterbeinen die Bremsverzögerung besser auffangen. Die Beobachtung von Pferden beim Transport hat ergeben, daß sie sich beim Kurvenfahren mit den Schultern nach innen abstützen. Es ist deshalb sinnvoll, die Mittelwand vorne eng und wie bereits erwähnt hinten weit zu stellen.

Ein Schild mit der Aufschrift «Achtung: Verletztes Pferd» erklärt den anderen Verkehrsteilnehmern die langsame und vorsichtige Fahrweise und veranlaßt überholende Autofahrer, nicht die Motoren aufheulen oder die Druckluftbremsen loszulassen.

Der Liegendtransport

Für den Liegendtransport eines Pferdes, das nicht mehr stehen und/oder gehen kann, ist die Anwesenheit und das Eingreifen eines Tierarztes notwendig. Mit Ausnahme des bewußtlosen Pferdes wird für das Verladen eines liegenden Pferdes eine gleitende Plane oder eine Metallbahre benötigt. Außerdem braucht man eine Vorrichtung, um die vier Gliedmaßen zusammenzuhalten: Man verwendet entweder ein Berliner Wurfzeug, oder man bindet die Beine mit Fesseln oder Stricken zusammen. Je nach Konstruktion und Ausrüstung des Transporters werden für das Hineinziehen eines liegenden Pferdes mindestens fünf kräftige Leute benötigt.

Kann das noch stehende Pferd nicht mehr gehen, so muß es für einen Liegendtransport vorerst von einem Tierarzt medikamentös abgelegt werden. Anschließend werden die Beine gesichert, und das Pferd wird auf die Einzugsvorrichtung geschleift, gehievt oder über den Rücken gerollt und dann in den Transporter gezogen. Ein waches und nur vorübergehend immobilisiertes oder kurz ruhiggestelltes Pferd kann auf diese Weise maximal eine halbe bis eine Stunde lang transportiert

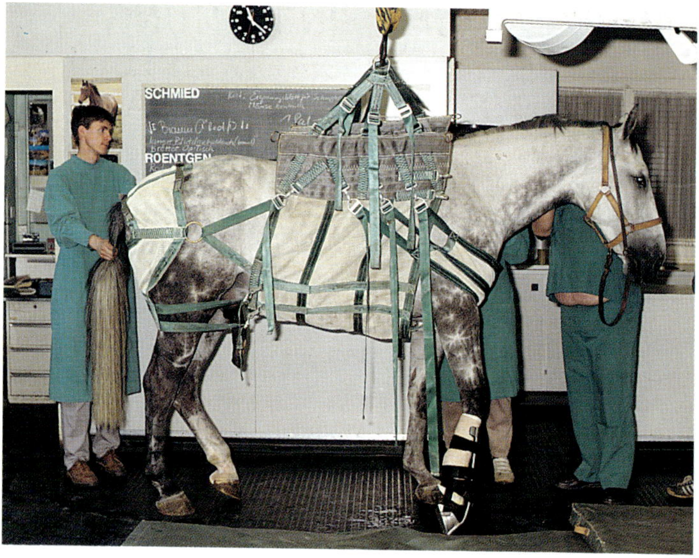

Pferd mit Aufhängegurt gesichert

werden. Spätestens nach dieser Zeitspanne sollte das Pferd ausgeladen und in eine Box gebracht werden können.

3. Der Transport mit Helikopter

Bei einem Transport mit Helikopter kann es sich lediglich darum handeln, das Pferd vom Ort der Bergung, zu dem keine Zufahrt besteht, bis zur nächsten Stelle zu transportieren, an der das Pferd in ein Fahrzeug umgeladen werden kann. Für diesen Transport, der in der Regel nur wenige Minuten dauert, ist die Anwesenheit und die Mithilfe eines Tierarztes ebenfalls unerläßlich. Das Pferd muß vor dem Anlegen des Transportnetzes unbedingt sediert werden. Anschließend legt man das Netz so an, daß das Pferd gegen ein Herausrutschen nach vorn oder nach hinten gesichert ist.

VIII. UMBAU UND EINRICHTUNG EINES PFERDETRANSPORTERS ZU EINER PFERDEAMBULANZ

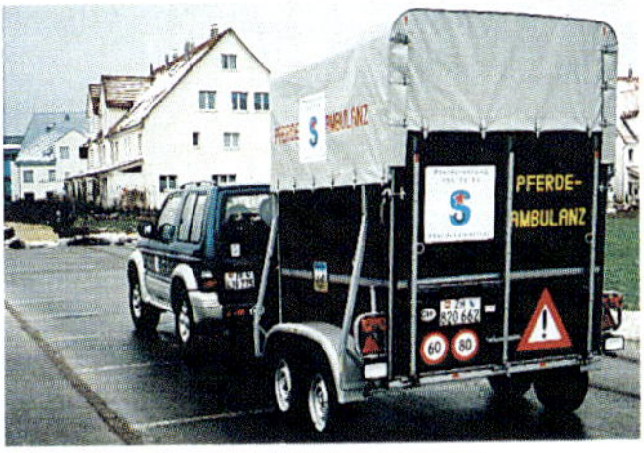

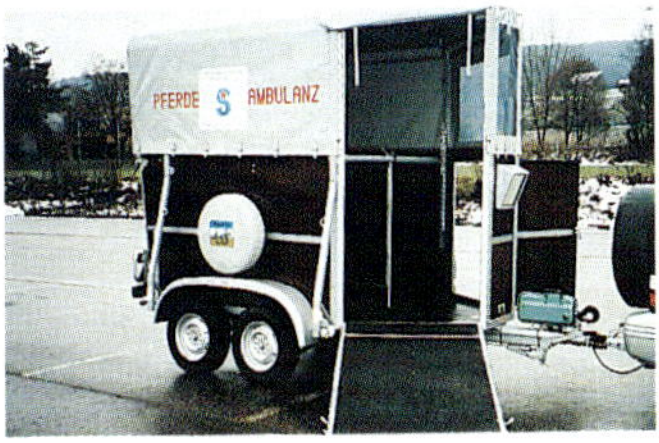

Ein zur Pferdeambulanz umgebauter Zweiertransporter mit Tandemachse, Holzaufbau und Blachenverdeck. Gut sichtbar als Pferdeambulanz gekennzeichnet. (Bild oben)

Gut zugänglich durch hohe Servicetüre, Frontausstieg und Heckrampe. Dank großem Fenster kann das Pferd während der Fahrt vom Fahrersitz via Rückspiegel beobachtet erden. Sichtbar auf der Deichsel als Einzugvorrichtung ein Seilzugapparat. (Bild in der Mitte)

Kombistütztuch mit Vorder- und Hintergeschirr. (Bild unten rechts)

Rettungsschleppe mit Beinfesseln. (Bild unten links)

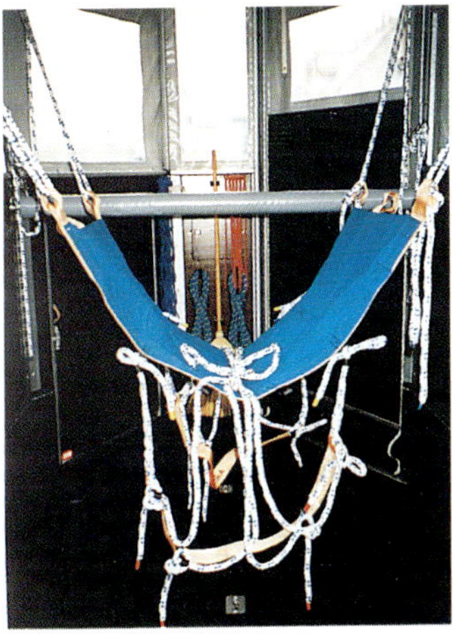

Dieser Umbau kann in Zusammenarbeit mit einem Schmied oder Schlosser und einem Sattler bei mäßigen Kosten selbst bewerkstelligt werden. Die dazu nötigen technischen Details und Maße sollen hier kurz angegeben werden.

1. Aufhängekonstruktion nach Maß für die Pferdeambulanz

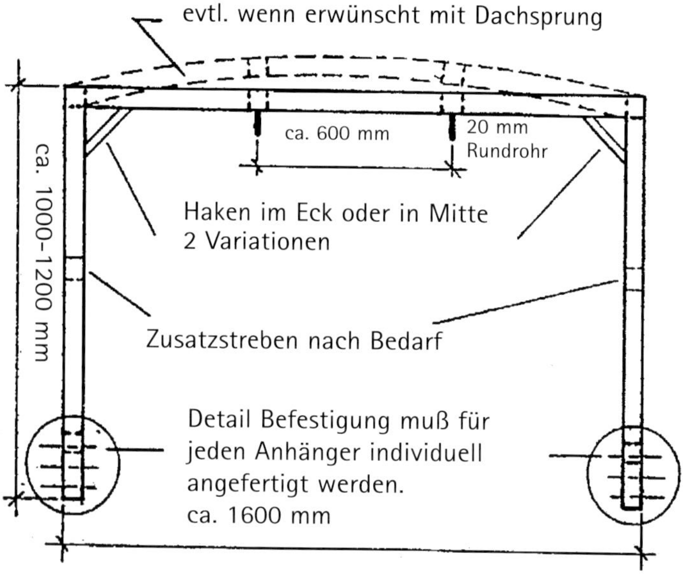

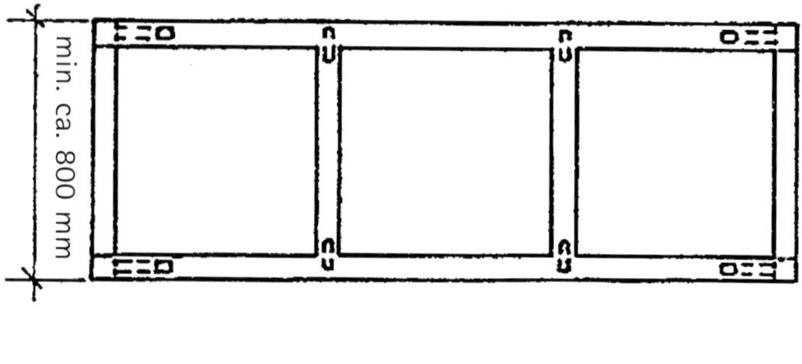

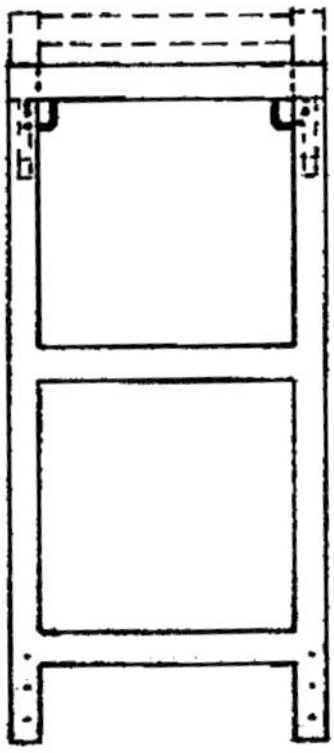

Konstruktion mit Mittelhaken
30x30x2,5 Quadratrohr
ca. 2,20 kg/m
Gewicht ca. 30-35 kg

30x30x3,0 Quadratrohr
ca. 2,40 kg/m
Gewicht ca. 35-40 kg

Konstruktion mit Eckhaken
25x25x3,0 Quadratrohr
ca. 2,07 kg/m
Gewicht ca. 30-35 kg

25x25x2,0 Quadratrohr
ca. 1,76 kg/m
Gewicht ca. 25-30 kg

Feuerverzinken
Eisenkonstruktionen sollten unbedingt konserviert werden, um Witterungseinflüssen jahrelang standhalten zu können. Dafür eignet sich das Feuerverzinken am besten.

2. Kombistützgeschirr komplett für die Pferdeambulanz

2.1 Das Stütztuch

Kombistütztuch aus Yachtmastertuch und Span-Set-Gurten vernäht.
Das Tuch kann in der Breite von 700 mm auf 450 mm eingelegt werden.

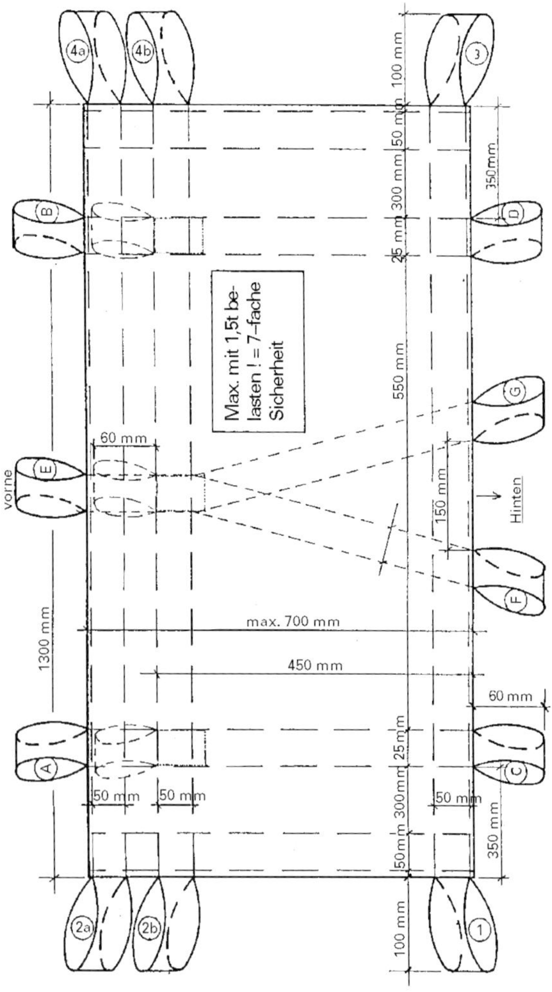

Das Vorder- und Hintergeschirr

2.2 Geschirrseile

2.3 Lastgehänge

2.4 Vier Hängeseile

Vordergeschirr mit Seil stufenlos und einfach verknotbar

Vordergeschirr mit Seil stufenlos und einfach verknotbar

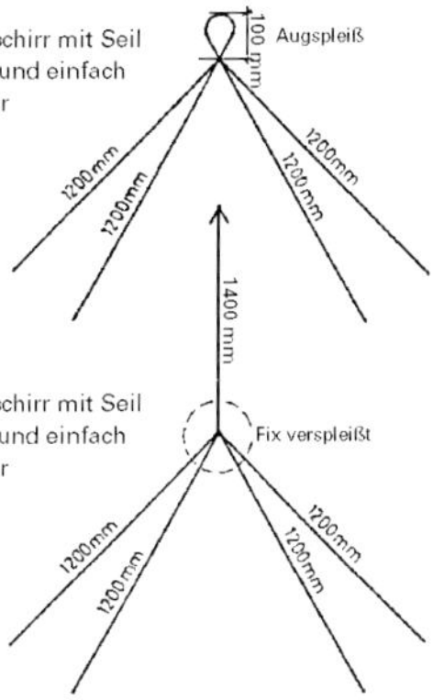

Pro Satz mitliefern: Palavas 508 12 mm
1 x 1500 mm (E)
2 x 1000 mm (F,G)
3 x 1000 mm (A,B,C,D)

Seil Palavas 12 mm 8-fach geflochten 508 1700daN Reißkraft
255 kg bei Sicherheitsfaktor 6

4-Strang Lastgehänge für Kombi-Stütztuch an Kran oder Hubschrauber, wenn kein Netz vorhanden ist

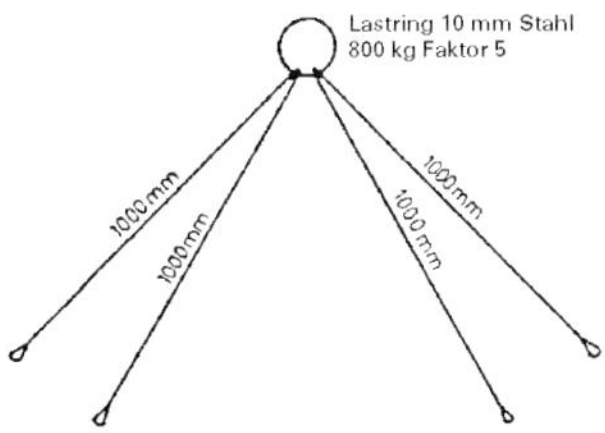

Seil ZEBRA 10 mm 3-Kardeelen gedreht 2300 kg Reißkraft
mit eingespleißten Inox Kauschen
Eingespleiste Haken und ähnliches nach Wunsch (viele Varianten)
Zebra 345 kg/Strang bei Sicherheitsfaktor 6

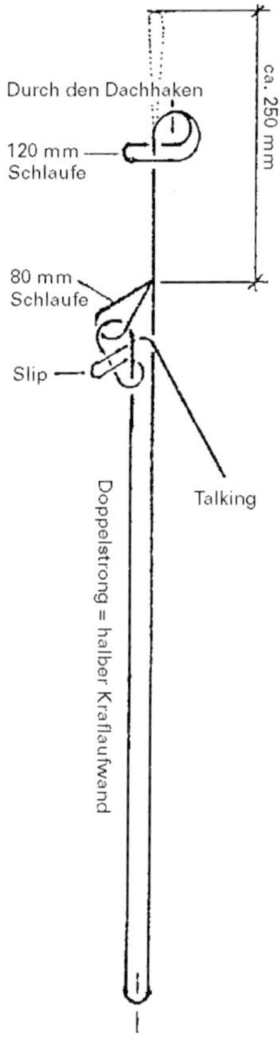

Durch die Gurtschlaufen des Kombi-Stütztuches

2.5 Vorder – und Hinterhandgurte

50 mm PE-Gurtband 5 t:
750 kg = 7-fache Sicherheit

2 Stück

25 mm PE-Gurtband 1,5 t
400 kg = 3-fache Sicherheit

3. Rettungsschleppe für die Pferdeambulanz

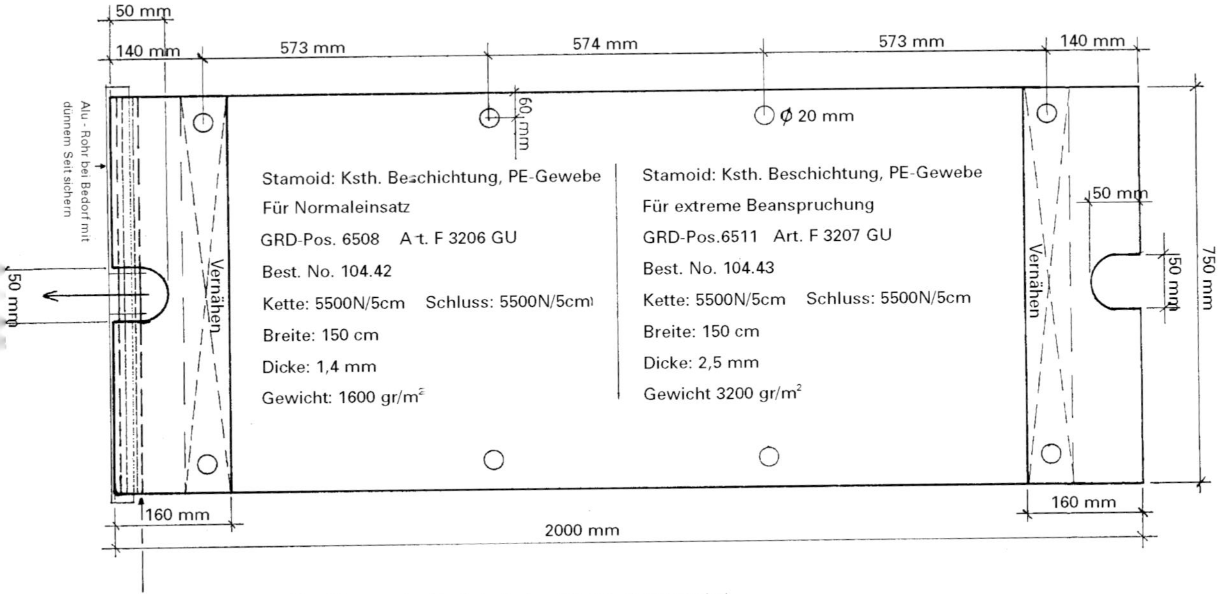

Aluminiumrohr: 750 x 25 = 10 mm oder ähnlich starkes (Enden abgerunndet).

Für das Stützgeschirr speziell verstärktes Blachengestell. Stütztuch mit Vorder- und Hintergeschirr inkl. Spezialseilen. Das komplette Stützgeschirr kann auch zu Bergungszwecken verwendet werden.

4. Beinfesseln für den Liegendtransport

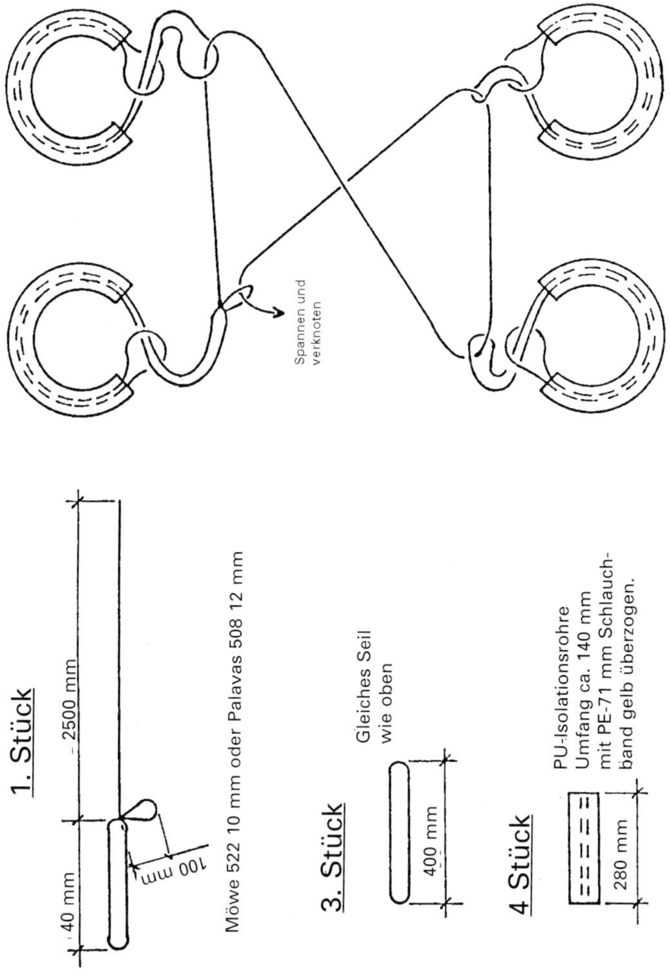

5. Seilwinde und Seilzugapparat für die Pferdeambulanz

5.1 Der Seilzugapparat

Der Seilzugapparat kann universell eingesetzt werden. Er muß aber eine Mindestzuglast von 1000 kg aufweisen. Je höher die Zuglast ist, desto geringer wird der Kraftaufwand.

5.2 Die Seilwinde

Typ Bootswinden mech.	DL 1100	DL 1402
Zugkraft	1000 kg	1272 kg
Hubkraft	500 kg	636 kg
Kabellänge max.	23,8 m	12,8 m
Seildurchmesser min.	5 mm	6 mm
Hub / Zug pro Kurbelumdr.	18 mm	16 mm
Trommeldurchmesser	220 mm	220 mm
Trommelbreite	55 mm	50 mm
Kurbellänge	178 mm	241 mm
Grundplatte	130x90 mm	130x90 mm
Gewicht ohne Kabel	3 kg	4 kg

Die Seilwinden können mit folgendem ausgerüstet werden:
- 50 mm PE-Zugband 1,5 t (min. 8 m)
- 5 oder 6 mm Stahlseil (min. 8 m) verzinkt, rostfrei oder mit Kunststoff beschichtet.
- Div. Schäkel oder Haken an den Seilenden.

IX. PFERDEAPOTHEKEN

Eine Pferdeapotheke kann je nach Art und Gebrauch der Pferde und abhängig von den Kenntnissen der Pferdebetreuer sehr unterschiedlich ausgerüstet werden. Am zweckmäßigsten ist es, sie in Absprache mit dem Tierarzt zusammenzustellen. Vom Veterinär erhält man auch die einzelnen Bestandteile, und bei drohendem Ablauf der Verwendungsfristen kann man Medikamente bei ihm umtauschen. Generell setzt sich eine Pferdeapotheke aus vier Gruppen zusammen. Im folgenden werden die gebräuchlichsten Bestandteile aufgelistet:

1. Medikamente

Bei dieser Gruppe ist eine peinliche Sauberhaltung und Kontrolle der Ablauffristen dringend zu empfehlen.

- desinfizierende und antiseptische Lösungen und Salben, zum Beispiel Betadinelösung und Betadineseife, Jodtinktur oder Jodglyzerin
- kühlende und abschwellende Salben, Lösungen und Packungen: Kyttasalbe, Antikongestol, Burrow, Lehm, Cold packs
- wärmende Einreibemittel wie Alkohol und Apfelessig
- sterile Kochsalzlösung
- Wundsalbe: Solcoseryl-, Betadine-, Lebertran-, Vitamin-A- oder Bepanthensalbe
- Sedalinpaste
- Strahlfäulemittel, zum Beispiel Kupfervitriolpulver

2. Instrumente

Diese sollen die bereits beschriebene Überprüfung des Allgemeinzustandes sowie die Erste Hilfe ermöglichen.

- Fieberthermometer
- Schere, Pinzette
- Staubinde oder -schlauch
- Taschenlampe
- Nasenbremse
- Schermaschine und eventuell Handrasierer
- Hörgerät (Phonendoskop, Stethoskop)
- Maulkorb
- Hufuntersuchungszange
- Maulöffner, Zahnraspel

3. Verbands- und Schienungsmaterial

Auch diese Bestandteile der Pferdeapotheke sind auf die Erste Hilfe bei Verletzungen ausgerichtet.

- im Fachhandel erhältliches Schienungsmaterial, halbierte Plastikrohre, Holzlatten, Besenstiele von verschiedener Länge
- Plastiktuch oder -folie
- Gummihandschuhe
- Watterollen
- Gazekompressen
- nicht klebende Wundauflagen
- elastische Binden, Gazebinden
- Klebeband
- Elastische Klebebinden
- Wollbandagen, Bandagekissen

4. Geräte für die Arbeiten am Huf

Hier gibt es einerseits das kleine Set für Wanderritte und andererseits die größeren Werkzeuge für den stationären Einsatz. Die individuellen Bedürfnisse sollten mit dem Stallhufschmied abgeklärt werden.

- Hufraspel
- Rinnmesser
- Beschlagszange
- Beschlagshammer
- Abbrechklinge
- Hufeisen
- Hufnägel
- Abbrechhammer
- Unterhauer
- Stollenschlüssel (als Hammer verwendbar)

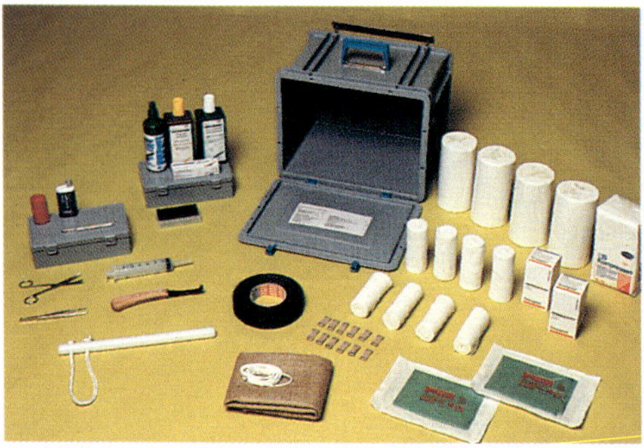

Vorschläge für Stall-, Wander- und Pferdesportplatz-Apotheke

Stall- und Reiseapotheke

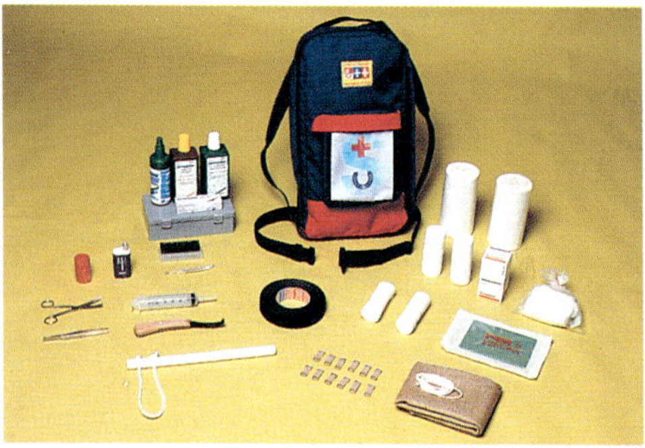

Apotheke für Wanderritte

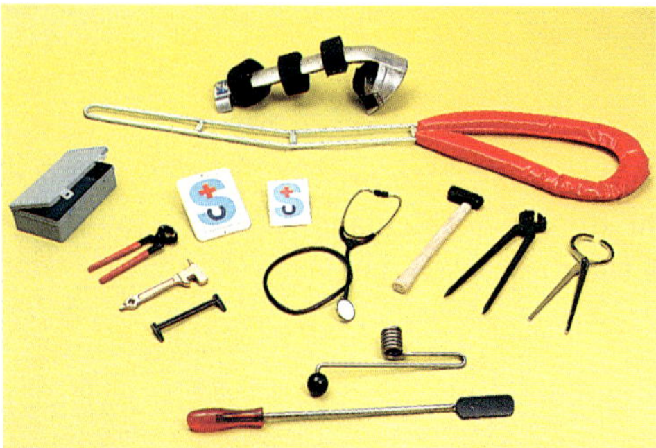

Zusatzgeräte für den Einsatz auf Pferdesportplätzen

SCHLUSSWORT

Durch die Haltung und Nutzung des Reit- und Sportpferdes in der heutigen hektischen, übertechnisierten und tierfeindlichen Zeit setzen wir das Pferd täglich erheblichen Unfallgefahren und damit auch Verletzungsmöglichkeiten aus.
Dank besserer und spezialisierter Ausbildung der Tierärzte, sicherer und weiterreichender Kommunikationsmöglichkeiten und großer Fortschritte in der Unfallchirurgie sowie deren Begleitdisziplinen, in der Anästhesiologie und den diagnostischen Methoden wie Röntgen, Szintigraphie und Ultraschall, ist es heute möglich geworden, Diagnosen von komplizierten Veränderungen zu stellen und auch schwerste Verletzungen an den Weichteilen und Organen sowie am Skelett zur Abheilung zu bringen. Nicht selten können Pferde nach solchen Verletzungen im Sport wieder voll eingesetzt werden.
Bei all diesen tierärztlichen Interventionen ist das frühzeitige Erkennen der Erkrankung und die sofort geleistete Erste Hilfe durch den Laien sehr oft von ausschlaggebender Bedeutung. Umgekehrt kann das Nichterkennen einer Erkrankung oder gar eine falsche Hilfeleistung am Mißerfolg der tierärztlichen Behandlung wesentlich beteiligt sein. In vielen Fällen sind rechtzeitige und richtige Erste-Hilfe-Leistungen für das Überleben den des Pferdes entscheidend.

Vor jeder Hilfeleistung ist das Erkennen und Erfassen des Ausmaßes der Verletzung und ganz besonders auch das richtige Beurteilen des Allgemeinzustandes des Pferdes von größter Wichtigkeit. Wir haben deshalb der Darstellung dieser Themen im vorliegenden Buch große Bedeutung beigemessen. Daneben wurde aber auch mit Nachdruck und mit vielen, vielleicht teilweise erschreckenden Bildern auf die verhängnisvollen Folgen von Fehlern wie Abschnürungen, Druckbeschädigungen, Unterlassen von Schienungen, fehlerhaften Transporten und so weiter hingewiesen.
Wir hoffen, daß durch das aufmerksame Durchlesen dieser Ausführungen und durch das genaue Betrachten der instruktiven Fotos sowie der einprägsamen Karikaturen ein richtiges Erkennen und korrektes Handeln für den Leser erleichtert wird.

Die Autoren

Prof. Dr. med. vet. Björn von Salis, geboren 1933, war nach seinem Tierarztstudium in Zürich zwei Jahre lang in einer Nutztierpraxis tätig. Anschließend arbeitete er als Assistent und Oberassistent in der Pferdeklinik Bern und legte seine Dissertation ab. Der Hauptmann der Kavallerie war Mitbeteiligter an einer Kleintierpraxis in Basel, bevor er vor gut 25 Jahren eine Kleintier- und Pferdeklinik im schweizerischen Frauenfeld eröffnete. In den Jahren 1988 bis 1991 war er Professor am Lehrstuhl für Pferdeorthopädie der Veterinärmedizinischen Fakultät der landwirtschaftlichen Hochschule Uppsala in Schweden. Seit 1991 widmet sich der verheiratete Vater von fünf Kindern als Inhaber der Horse Consulting AG Beratungen, Expertisen und Gutachten rund ums Pferd. Prof. Dr. med. vet. Björn von Salis ist Gründer und Präsident des Vereins für Pferdesamariter und Pferderettungswesen.

Prof. Dr. med. vet. Hans Geyer, geboren 1940, studierte in Hannover und Zürich Veterinärmedizin. Nach seiner Dissertation an der Veterinär-Chirurgischen Klinik der Universität Zürich war er einige Jahre lang als Assistent in Tierarztpraxen für Groß- und Kleintiere in Württemberg und im Kanton Luzern sowie an der Veterinär-Medizinischen Fakultät der Freien Universität Berlin tätig. Seit 1969 ist er Mitarbeiter am Veterinär-Anatomischen Institut der Universität Zürich (Direktor: Prof. Dr. J. Frewein). Prof. Dr. med. vet. Hans Geyer legte 1979 seine Habilitation ab und ist seit 1988 Titularprofessor für Veterinär-Anatomie. Sein Hauptgebiet ist die Klinisch-angewandte Anatomie.

Dr. med. vet. Anton Fürst, geboren 1964, studierte in Neuchâtel und Zürich Veterinärmedizin. Nach dem Studium spezialisierte er sich auf Pferdechirurgie. Er arbeitet als Assistent an der Veterinär-Chirurgischen Klinik der Universität Zürich, wo er neben der Untersuchung und Behandlung von Pferdepatienten auch für die Ausbildung der Studenten mitverantwortlich ist. Dr. med. vet. Anton Fürst bildet seit vielen Jahren Pferdesamariter, Pferdepfleger, Bereiter, Rennreiter und Reitlehrer in den tiermedizinischen Bereichen aus. Er hält auf Kongressen im In- und Ausland Vorträge über Pferdekrankheiten und veröffentlichte in verschiedenen Zeitschriften Artikel über aktuelle Pferdeprobleme.

Unser Dank für die Erlaubnis der Reproduktion ihrer Bilder gilt:

- Larry R. Bramlage, DVM, Lexington, Kentucky
- Dr. Beat Kaegi, Frauenfeld
- Prof. Dr. Urs Schatzmann, Bern

Anschriften der Autoren, des Fotografen, des Illustrators und der anatomischen Zeichnerin

Dr. med. vet. Anton Fürst
Veterinär-Chirurgische Klinik
der Universität Zürich
Winterthurerstraße 260
CH-8057 Zürich

Prof. Dr. med. vet. Hans Geyer
Veterinär-Anatomisches Institut
der Universität Zürich
Winterthurerstraße 260
CH-8057 Zürich

Matthias Haab, Illustrator
Veterinär-Chirurgische Klinik
der Universität Zürich
Winterthurerstraße 260
CH-8057 Zürich

Primo Imhof, Fotograf
Electronic Photo Publishing
P.O. Box 862
CH-8045 Zürich

Dr. med. vet. Henriette Josseck
Gümligenweg 49
CH-3112 Allmendingen

Ruedi Keller
Schützenhausstraße 56
CH-8424 Embrach

Jeanne Peter, anatomische Zeichnerin
Veterinär-Anatomisches Institut
der Universität Zürich
Winterthurerstraße 260
CH-8057 Zürich

Dr. med. vet. Margret Rühli
Veterinär-Chirurgische Klinik
der Universität Zürich,
Augenheilkunde
Winterthurerstraße 260
CH-8057 Zürich

Prof. Dr. med. vet. Björn von Salis
Horse Consulting AG
Oberfeldstraße 4
CH-8500 Frauenfeld

Dr. med. vet. Roger Weiss
Gewerbestraße 4
CH-8708 Männedorf

SACHREGISTER

A
Abgerissene Hufeisen 114 f.
Aktiver Bewegungsapparat 25 ff.
Allgemeine Krankheitslehre 53 ff.
Allgemeinzustand 46 ff., 59
Anatomie 15 ff.
Arbeitsbandagen 128
Atemfrequenz, Messen der 49 f.
Atmungsapparat 49 f.
Auge 42 ff.
Augenlidverletzungen 85 f.
Augenschleimhaut 47 f.
Augenverletzungen 84 ff.
Ausscheren des Wundgebietes 66, 68

B
Ballentritt 112 f.
Bandagen 128
Bandagendrücke 100 f.
Bänder 24 ff., 36
Bänderzerrungen 116 ff.
Beinfesseln für Liegendtransport 145
Bewegungsapparat 20 ff.
Bewegungsapparat, aktiver 25 ff.
Bewegungsapparat, Beurteilung des 52
Bewegungsapparat, passiver 21 ff.
Blutstillung 62 ff.
Blutstillung am Kopf 81
Blutstillung bei Rumpfverletzungen 95
Blutungen 59

C
Couronnement 98 f.

D
Deckverband 123
Desinfektion 67
Druckbeschädigungen am Rumpf 89 ff.
Druckstellen an den Gliedmaßen 101 f.
Druckverband 63 ff., 124
Druckverletzungen am Kopf 78 f.

E
Eiter 55
Entzündung 53 f.
Erste-Hilfe-Apotheken 147 ff.

F
Fissuren 119 ff.
Frakturen 119 ff.
Fremdkörper im Huf 114

G
Gabelstichverletzungen 107 ff.
Gallen 25
Gelenke 23 ff., 29 f.
Gelenkverletzungen 118 f.
Genickbeule 78 f.
Geräte für Arbeiten am Huf 149
Geschirr für Transport 142 ff.
Gesichtsfeld 43
Gliedmaßen 2/3, 6/7, 20 ff., 52
Gliedmaßenverletzungen 97 ff.
Granulationsgewebe 74 f.
Gurtendruck 89 ff.

H
Halsvenen 48
Haut 16 ff.
Hautelastizität 49
Hintergeschirr 143
Hoher Verband 129
Hornhautverletzungen 87 ff.
Hornspalt 111
Huf 37 ff.
Hufeisen, abgerissene 114 f.
Hufbearbeitungsgeräte 149
Hufrehe 39 f., 42
Hufverband 122, 127
Hufverletzungen 109 ff.

I

Immobilisierender Verband 124 f.
Infektion 54 f.
Innere Organe 2/3, 6/7
Instrumente für Erste Hilfe 148

K

Kieferverletzungen 81 ff.
Kissing spines 35
Knochen 21
Knochenbrüche 119 ff.
Knochenrisse 119 ff.
Kompression durch Abbinden 64 ff.
Kompression, manuelle 64 f.
Kopfverletzungen 78 ff.
Körperbau 2/3, 6/7
Körpertemperatur, Messen der 50 f.
Krankheitslehre, allgemeine 53 ff.
Kreislauf 47 ff.
Kreuzschlag 27
Krontritt 111 ff.

L

Lidverletzungen 85 f.
Liegendtransport 137 f.

M

Makroorganismen 55
Maulwinkel, Verletzungen der 79
Medikamente für Erste Hilfe 147
Mikroorganismen 54 f.
Mundschleimhaut 47 f.
Muskeln 25 ff., 36 f.

N

Nackenrückenband 35
Nageldruck 109 ff.
Nagelstich 109 ff.
Nageltritt 109 ff.
Nasenschleimhaut 47 f.
Normaltemperatur 51

O

Ohrenverletzungen 84
Organe, innere 2/3, 6/7

P

Passiver Bewegungsapparat 21 ff.
Pfählungsverletzungen 96 ff.
Pferdeambulanz 139 ff.
Pferdeapotheken 147 ff.
Pferdetransporter 131 ff., 139 ff.
Physiologie 15 ff.
Plastikzwischenlage (Verband) 69 f.
Polsterung (Verband) 69 f.
Primäre Wundheilung 72 f.
Puls 47
Pulsfühlen 47

Q

Quetschwunden am Kopf 79 ff.
Quetschwunden am Rumpf 91 ff.
Quetschwunden an den Gliedmaßen 103 ff.

R

Reinigung der Wunde 66, 68
Rettung schwerverletzter Pferde 30 ff.
Rettungsschleppe 144
Rißverletzungen am Auge 85
Rißwunden am Kopf 79 ff.
Rißwunden am Rumpf 90 ff.
Rißwunden an den Gliedmaßen 103 ff.
Röhrenknochen 21 ff.
Röhrenverband 122, 128
Rumpf 35 ff.
Rumpfverband 93
Rumpfverletzungen 89 ff.

S

Satteldruck 89 ff.
Schienung 70 f.
Schienungsmaterial 148
Schlagverletzungen am Auge 84
Schleimbeutel 31 f.
Schleimhäute, Beurteilung der 47 f.
Schnittwunden am Kopf 79 ff.
Schnittwunden am Rumpf 91 ff.
Schnittwunden an den Gliedmaßen 103 ff.
Schürfwunden am Kopf 78 f.

Schürfwunden am Rumpf 89 ff.
Schürfwunden an den Gliedmaßen 98 ff.
Schutzverband 124
Sehnen 25 ff.
Sehnenscheiden 32 f.
Sehnenzerrungen 116 ff.
Seilwinde für Pferdeambulanz 146
Seilzugapparat für Pferdeambulanz 146
Sekundäre Wundheilung 73 ff.
Skelett 2/3, 21 ff., 36
Stacheldrahtverletzungen 105 ff.
Stallapotheke 150
Stallbandagen 128
Stichverletzungen am Auge 87
Stichverletzungen am Kopf 79 ff.
Stichverletzungen am Rumpf 94 ff.
Stichverletzungen an den Gliedmaßen 105 ff.
Strickwunden 99 f.
Stützgeschirr 142 ff.
Symptome 53

T
Transport mit Fahrzeug 131 ff.
Transport mit Helikopter 138
Transport schwerverletzter Pferde 131 ff.
Transportgeschirr 142 ff.
Trauma 57 ff.

U
Umbau eines Pferdetransporters zur Ambulanz 139 ff.
Unterkieferfraktur 82

V
Verband am Röhrbein 122, 128
Verband bis zum Ellbogen-/Kniegelenk 129
Verband zur Ruhigstellung und Stabilisierung 124 f.
Verbandslehre 122 ff.
Verbandsmaterial 148
Verdauungsapparat 51
Verein für Pferdesamariter und Pferderettungswesen 130
Verletzung, Beurteilung einer 59 ff.
Verletzungen am Auge 84 ff.
Verletzungen am Rumpf 89 ff.
Verletzungen an den Gliedmaßen 97 ff.
Verletzungen der Bänder 116 ff.
Verletzungen der Hornkapsel 112 ff.
Verletzungen der Kiefer 81 ff.
Verletzungen der Ohren 84
Verletzungen der Sehnen 116 ff.
Verletzungen der Strahlfurchen 113
Verletzungen der Zähne 81 ff.
Verletzungen der Zunge 83 f.
Verletzungen des Hufes 109 ff.
Verletzungen von Gelenkbändern 118 f.
Verletzungen von Gelenkkapseln 118 f.
Verletzungen, äußere 56 ff.
Vordergeschirr 143

W
Wanderritt-Apotheke 150
Widerrist 35
Widerristschürfung 89
Wildes Fleisch 75
Wirbelgelenke 35
Wirbelsäule 35 f.
Wundabdeckung 68 f.
Wundbehandlung 61 ff.
Wundbehandlung am Kopf 81
Wunddesinfektion 67
Wundheilung 71 ff.
Wundheilung, primäre 72 f.
Wundheilung, sekundäre 73 ff.
Wundreinigung 66
Wundverband 67 f., 123
Wundverband, einfacher 63 f.

Z
Zahnverletzungen 81 ff.
Zerrungen der Bänder 116 ff.
Zerrungen der Sehnen 116 ff.
Zungenverletzungen 83 f.

Aus der geplanten Neuerscheinung:

Erkranktes Pferd – was tun?

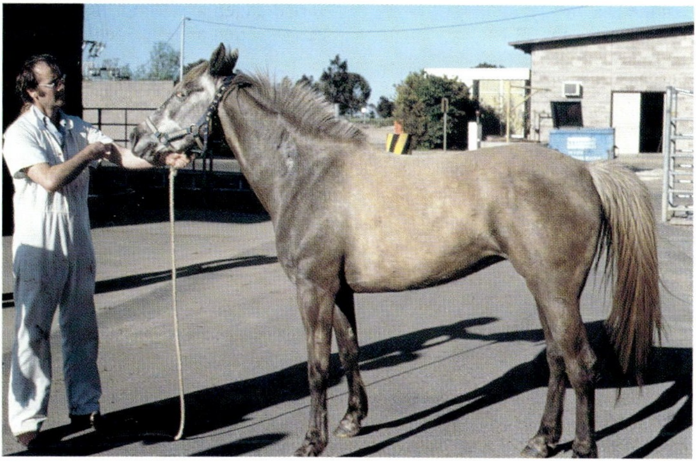

Pferd mit Starrkrampf

Aus der weiterhin geplanten Neuerscheinung:

Lahmes Pferd – was tun?

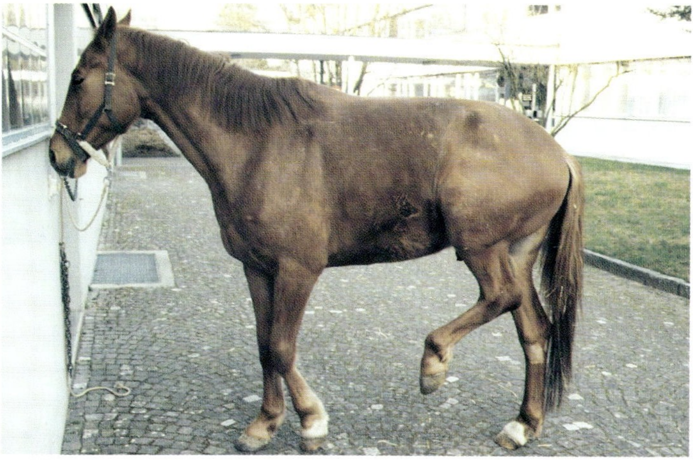

Pferd belastet Vorder- und Hintergliedmassen nicht mehr vollständig?

MEINE PERSÖNLICHEN NOTFALLNUMMERN

	Telefon	Fax
Meine Privatnummer:	......./.................	......../................
Meine Arbeitsstelle:	......./.................	......../................
Arzt:	......./.................	......../................
Krankenhaus:	......./.................	......../................
Notfallnummer (Menschenrettung):	......./.................	......../................
Stall:	......./.................	......../................
Tierarzt:	......./.................	......../................
Hufschmied:	......./.................	......../................
Pferdeklinik:	......./.................	......../................
Pferdesamariter:	......./.................	......../................
Pferdeambulanzfahrzeug:	......./.................	......../................
Helikopter (Pferderettung, über Tierambulanz Schweiz):	......./.................	......../................
Polizei:	......./.................	......../................
Feuerwehr:	......./.................	......../................
Im Notfall benachrichtigen:		
____________________	......./.................	......../................
____________________	......./.................	......../................
____________________	......./.................	......../................
____________________	......./.................	......../................